Gutes tun von Anfang an

Georg von Schnurbein • Robert Schmuki

Gutes tun von Anfang an

Tipps für Neu- und Quereinsteiger in Non-Profit-Organisationen

Georg von Schnurbein
Universität Basel
Center for Philanthropy Studies (CEPS)
Basel, Schweiz

Robert Schmuki
Organisationsentwicklung von NPO
Basel, Schweiz

ISBN 978-3-658-49593-0   ISBN 978-3-658-49594-7   (eBook)
https://doi.org/10.1007/978-3-658-49594-7

Die Deutsche Nationalbibliothek verzeichnet diese Publikation in der DeutschenNationalbibliografie; detaillierte bibliografische Daten sind im Internet über https://portal.dnb.de abrufbar.

© Der/die Herausgeber bzw. der/die Autor(en), exklusiv lizenziert an Springer Fachmedien Wiesbaden GmbH, ein Teil von Springer Nature 2025

Das Werk einschließlich aller seiner Teile ist urheberrechtlich geschützt. Jede Verwertung, die nicht ausdrücklich vom Urheberrechtsgesetz zugelassen ist, bedarf der vorherigen Zustimmung des Verlags. Das gilt insbesondere für Vervielfältigungen, Bearbeitungen, Übersetzungen, Mikroverfilmungen und die Einspeicherung und Verarbeitung in elektronischen Systemen.

Die Wiedergabe von allgemein beschreibenden Bezeichnungen, Marken, Unternehmensnamen etc. in diesem Werk bedeutet nicht, dass diese frei durch jede Person benutzt werden dürfen. Die Berechtigung zur Benutzung unterliegt, auch ohne gesonderten Hinweis hierzu, den Regeln des Markenrechts. Die Rechte des/der jeweiligen Zeicheninhaber*in sind zu beachten.

Der Verlag, die Autor*innen und die Herausgeber*innen gehen davon aus, dass die Angaben und Informationen in diesem Werk zum Zeitpunkt der Veröffentlichung vollständig und korrekt sind. Weder der Verlag noch die Autor*innen oder die Herausgeber*innen übernehmen, ausdrücklich oder implizit, Gewähr für den Inhalt des Werkes, etwaige Fehler oder Äußerungen. Der Verlag bleibt im Hinblick auf geografische Zuordnungen und Gebietsbezeichnungen in veröffentlichten Karten und Institutionsadressen neutral.

Planung/Lektorat: Margit Schlomski
Springer Gabler ist ein Imprint der eingetragenen Gesellschaft Springer Fachmedien Wiesbaden GmbH und ist ein Teil von Springer Nature.
Die Anschrift der Gesellschaft ist: Abraham-Lincoln-Str. 46, 65189 Wiesbaden, Germany

Wenn Sie dieses Produkt entsorgen, geben Sie das Papier bitte zum Recycling.

Herzlichen Glückwunsch und herzlich willkommen!

Sie haben sich kürzlich für den Wechsel in den Non-Profit-Bereich entschieden oder Sie wollen diesen Sprung in nächster Zukunft wagen? Dann herzlichen Glückwunsch und herzlich willkommen! Die Arbeit in einer Non-Profit-Organisation (NPO) ist ein sinngebender, erfüllender und dankbarer Job, der Ihnen sehr viel zurückgibt – wenn Sie bereit sind, sich ein paar Besonderheiten von NPOs einzuprägen.

Denn, obwohl manche NPOs (z. B. Spitäler oder Museen) sogar die gleichen Leistungen anbieten wie wirtschaftliche Unternehmen, gibt es doch manche Unterschiede zu berücksichtigen, die die Mitarbeit, das Management und die Vorstandsarbeit in NPOs etwas anders aussehen lassen. Eine NPO hat einen gemeinnützigen Zweck, der über allem steht – sogar über dem Fortbestand der eigenen Organisation. Die Finanzmittel kommen von Dritten, die selbst keine oder kaum Leistungen dafür erhalten. Dafür zahlen die wichtigsten Leistungsempfänger:innen meist nichts. Eine NPO hat freiwillige Mitarbeitende, die Sie nicht auf einen Arbeitsvertrag verpflichten können, die aber meist mehr leisten, als Sie je bezahlen könnten. In der Kommunikation geht es um mehr als nur Produkte und der Erfolg wird in Wirkung gemessen.

Wenn Ihnen das jetzt alles nicht ganz einleuchtet, ist dieses Buch genau das richtige für Sie. Wir erklären Ihnen in kurzen Kapiteln einige der zentralen Besonderheiten von NPOs und bieten damit erste Anhaltspunkte für ein besseres Verständnis:

«Wissen»: Hier finden Sie Informationen und Grundlagen über den NPO-Sektor generell und dessen Funktionsweise in der Gesellschaft.

«Verstehen»: Diese Kapitel ordnen ein und helfen Ihnen, Ihre Position als Mitglied der Geschäftsleitung oder des Vorstands einer NPO besser zu verstehen.

«Handeln»: Zum Schluss geben wir Ihnen einige zentrale Aufgaben mit auf den Weg, die Sie in einer NPO umsetzen oder entwickeln sollten.

Die Texte in diesem Buch sind weder eine How-to-Anleitung noch eine kohärente Management-Einführung. Stattdessen sollen die Kapitel Ihnen ein paar Denkimpulse geben und zu einer Vertiefung der Themen anregen, die Sie interessieren, oder die gerade in Ihrer NPO relevant sind. Wir wollen Ihren unverbrauchten Blick als Quereinsteiger:in nicht durch unsere *Déformation professionelle* beeinträchtigen. Schließlich können Sie mit Ihren eigenen Erfahrungen einen wertvollen Beitrag zur weiteren Entwicklung der NPO geben. Der übergeordnete gemeinnützige Zweck, die demokratischen Entscheidungsstrukturen und eine hohe Konstanz bei der Finanzierungsstruktur machen NPOs besonders anfällig für Verkrustung, Selbstbezogenheit oder auch Selbstgefälligkeit. Da kann ein kritisches Hinterfragen des Status quo hilfreich sein und dazu beitragen, dass die NPOs besser gewappnet sind für zukünftige Aufgaben. Schließlich braucht unsere Gesellschaft aktive und tatkräftige NPOs, die Hilfe bieten, Missstände aufgreifen oder innovative Lösungen für gesellschaftliche Herausforderungen finden.

Für Ihre Mitwirkung in einer NPO sind daher nicht nur Sie zu beglückwünschen, sondern auch die Gesellschaft als Ganzes. Denn ohne engagierte Menschen können NPOs ihre gesellschaftliche Rolle gar nicht ausfüllen.

Wir wünschen Ihnen alles Gute für Ihr Engagement und eine inspirierende Lektüre!

Georg von Schnurbein
Robert Schmuki

Interessenkonflikt Die Autoren haben keine für den Inhalt dieses Manuskripts relevanten Interessenkonflikte.

Inhaltsverzeichnis

Teil I Wissen

1 Das Kolumbus-Dilemma: Wissen Sie, wo Sie gelandet sind? 3

2 Keine NPO ist eine Insel 9

3 Wofür setzen wir uns ein? 15

4 Wie werden Freiwillige zu einer regenerativen Quelle? 21

Teil II Verstehen

5 Verstehen Sie die NPO-Sprache? 27

6 Was wissen Sie als Quereinsteiger:in schon von einer NPO? 33

| 7 | Partizipation in und um die NPO | 37 |
| 8 | Vertrauen ist gut, aber wer kontrolliert? | 43 |

Teil III Handeln

9	Führung in der NPO-Welt	51
10	Das Jahr im Überblick	57
11	NPOs und das Geld	67
12	Die genau richtige Kommunikation	75
13	Machen wir wirklich einen Unterschied?	81
14	Ein innovatives Projekt - und was danach kommt	89
15	Schlusswort	95

| Glossar | 97 |

Über die Autoren

Georg von Schnurbein ist Professor für Stiftungsmanagement und Gründungsdirektor des Center for Philanthropy Studies (CEPS) an der Universität Basel. Das CEPS ist ein Forschungs- und Weiterbildungsinstitut für Führungskräfte aus dem NPO-Sektor. Er hat Betriebswirtschaftslehre an den Universitäten Bamberg, Freiburg/CH und Bern studiert und die Habilitation an der Wirtschaftsuniversität Wien abgeschlossen. Georg von Schnurbein ist Autor zahlreicher Publikationen zu Themen wie Governance und Management von NPO sowie Philanthropie und Freiwilligenarbeit. Neben der Forschungsarbeit engagiert sich Georg von Schnurbein für die Entwicklung und Förderung des Philanthropie-Sektors. Er ist Mitgründer der Foundation Board Academy zur Ausbildung gemeinnütziger Stiftungsräte und Gesellschafter der Beratungsfirma Con·Sense, die sich auf die Beratung und Unterstützung von NPO spezialisiert hat. Georg von Schnurbein engagiert sich ehrenamtlich in Stiftungsräten in den Bereichen Kultur und Bildung.

Robert Schmuki hat als Social Entrepreneur Stiftungen und Vereine gegründet und durch ihre Pionierphase geführt. Nach seinen Studien in Geschichte an der Universität Zürich (B.A. UZH) und Architektur an der ETH (MSc Arch.) entwickelte er Jugendprojekte für belastete Quartiere und Kleinstädte in der Schweiz. Für diese Aufbauarbeit, die inzwischen auch im Ausland kopiert wird, erhielt er verschiedene bedeutende Preise und Auszeichnungen. Um diese Arbeit langfristig zu sichern, gründete er, als ein Crowdfunding-Projekt, seine eigene Stiftung, die heute der grösste Anbieter von offenen Kinder- und Jugendprojekten in der Schweiz ist. Nach 20 Jahren Aufbau- und Führungsarbeit in Nonprofit-Organisationen wechselte er als Leiter Weiterbildung und Wissenstransfer ans CEPS. Hier konnte er sich rund 10 Jahre mit den Inhalten und Strukturen gemeinnütziger Arbeit beschäftigen. In dieser Zeit hat er rund 180 NPO in Strategie- und Organisationsentwicklungs-Prozessen begleitet. In diesem Kontext entwickelte er am CEPS verschiedene theoretischen Modelle, die dann in der direkten Beratungsarbeit getestet und angepasst werden konnten. Viele dieser Erkenntnisse und Erfahrungen sind in dieses Buch eingeflossen.

Teil I

Wissen

1

Das Kolumbus-Dilemma: Wissen Sie, wo Sie gelandet sind?

Ihr Weg in die Welt der NPO gleicht vielleicht etwas der Geschichte von Christoph Kolumbus: Im August 1492 stach Kolumbus von Cadiz aus in See, um die Westpassage nach Indien zu finden. Bekanntermaßen erreichte Kolumbus Indien nie, sondern entdeckte stattdessen einen neuen Kontinent. Er selbst wollte das nie wahrhaben, weshalb Amerika wohl zu Recht nicht nach ihm benannt worden ist, sondern nach Amerigo Vespucci, der die Kartographierung Amerikas vorantrieb.

Ein zentrales Problem der damaligen Schifffahrt waren die Längengrade. Breitengrade, d. h. die Nord-Südposition eines Schiffes lassen sich auch auf hoher See mit Hilfe von Sonnenstand oder Sternbildern feststellen. Die Längengrade jedoch sind nur durch eine Zeiteinheit bestimmbar. Zur Bestimmung der eigenen Position brauchte man daher die Zeit vor Ort und die Zeit an einem fixen Ausgangspunkt (bis heute läuft der Nullmeridian durch Greenwich bei London). Zu Kolumbus' Zeiten gab es jedoch keine Uhren, die den Widrigkeiten einer Seefahrt standgehalten hätten. Eine Schiffsreise war daher immer eine Fahrt ins Ungewisse.

Fehlende Fixpunkte

Wir erleben immer wieder, dass es vielen Engagierten nach der ersten Berührung mit der Non-Profit-Welt ähnlich geht wie Kolumbus. Gerade was die Mitarbeit in Vorständen und Stiftungsräten betrifft, gehen Erwartungen und Realität oftmals weit auseinander. Meist ist es das Interesse an einem Thema, das zur Wahl oder Mitarbeit in ein ehrenamtliches Gremium führt. Jedoch sind sich die meisten Vorstände oder Stiftungsräte ihrer Funktion und den damit verbundenen Aufgaben, Rechten und Pflichten gar nicht bewusst. Wie bei der Schifffahrt im Mittelalter fehlen in der Non-Profit-Welt wichtige Bezugspunkte, um die eigene Position und die damit verbundenen Aufgaben und Pflichten sicher bestimmen zu können.

Das beginnt bei der Rechtsform. Am häufigsten sind Verein und Stiftung (Jakob et al., 2023). Beide Rechtsformen sind im Zivilgesetzbuch (ZGB) verankert, aber im Vergleich zu AG oder GmbH nur sehr rudimentär reglementiert. Von außen ist oftmals nicht erkennbar, welche Rechtsform eine NPO hat. Beispielsweise ist ProNatura ein Verein, der WWF eine Stiftung. Beide engagieren sich für die Natur, werben Spenden ein und haben Mitglieder (beim WWF über die Regionalvereine). Die Strukturen der Organisationen sind oft traditionell gewachsen und die geringe rechtliche Regulierung führt dazu, dass es viele Variationen gibt.

Für die Führung und Governance einer NPO hat die Rechtsform jedoch gravierende Auswirkungen. So wird ein Vereinsvorstand von den Mitgliedern gewählt und bei der jährlichen Mitgliederversammlung entlastet (Decharge). Eine Stiftung hat keine Mitglieder, weshalb der Stiftungsrat häufig sich selbst ergänzt (Kooptation). Außerdem untersteht eine Stiftung der staatlichen Aufsicht, da es keine Mitglieder gibt, die den Stiftungsrat kontrollieren könnten.

Die Vermessung der NPO-Welt

In der Schweiz kommt auf ca. neun Vereine eine Stiftung, weshalb die Funktionsweise eines Vereins deutlich bekannter ist – auch weil fast jede:r Bürger:in Mitglied in mindestens einem Verein ist. In Deutschland, Österreich und der Schweiz ist der Verein die häufigste Rechtsform einer NPO. In Deutschland gibt es über 610.000 Vereine, in Österreich über 120.000 Vereine und in der Schweiz ca. 76.000 Vereine. Dazu kommen als zweitwichtigste Rechtsform noch ca. 22.000 Stiftungen in Deutschland, 700 in Österreich und knapp 14.000 in der Schweiz. Die wichtigsten Tätigkeitsbereiche sind Sozial- und Gesundheitswesen, Kultur, Sport und Freizeit sowie Bildung und Forschung, jedoch gibt es oftmals Überschneidungen zwischen den Bereichen, z. B. zwischen Bildungs- und Sozialbereich (Jakob et al., 2025).

Eine weitere Besonderheit der NPO-Welt sind die freiwilligen Ressourcen in Form von Geld- und Sachspenden sowie Zeitspenden (Freiwilligenarbeit). Es zeichnet NPOs aus, dass sie – steuerlich gefördert – Spenden entgegennehmen dürfen und unentgeltliche Arbeit geleistet wird. In Deutschland ist die Anzahl der Spender:innen rückläufig und aktuell spenden noch 25,4 % regelmässig. Dafür engagieren sich knapp 40 % der über 14jährigen mindestens einmal im Jahr freiwillig. In Österreich spenden ca. 70 % der Bevölkerung regelmässig und 31 % engagieren sich freiwillig. In der Schweiz spenden ebenfalls über 70 % der Bevölkerung regelmäßig und jede:r dritte Einwohner:in über 15 Jahren ist freiwillig engagiert. Ohne diese freiwilligen Leistungen würden viele NPO nicht überleben und die Gesellschaft wäre um viele Initiativen und Angebote ärmer. Am Beispiel der Schweiz ist aber auch eine Einschränkung zur Bedeutung der Spenden zu machen: Von den ca. 25 Mrd. CHF Gesamtbudget aller NPOs in der Schweiz werden nur ca. 3 Mrd. durch Spenden generiert. Weitaus wichtiger sind staatliche Beiträge und Mitgliederbeiträge bzw. eigene Erträge. Im konkreten Fall einer einzelnen NPO kann es jedoch durchaus sein, dass sie zu 100 % von Spenden abhängig ist (von Schnurbein, 2022).

Die Kartographierung und Vermessung der NPO-Welt steckt noch in den Kinderschuhen. In Deutschland hat die Initiative „Zivilgesellschaft in Zahlen" in den letzten Jahren für wichtige Erkenntnisse und eine verbesserte Datenlage gesorgt (www.ziviz.de). In Österreich werden einzelne Studien durchgeführt (Pennerstorfer & Schneider, 2022). Ebenso gibt es in der Schweiz regelmäßige Studien wie den Freiwilligenmonitor (Fischer et al., 2025), den Schweizer Stiftungsreport (Jakob et al., 2025) oder den Zewo-Spendenreport (Zewo, 2024), die das Verständnis für die eigene Organisation und deren Verortung in der NPO-Welt erhöhen.

Auch online können Sie sich einen Überblick verschaffen: Das NPO-DataLab des Center for Philanthropy Studies (CEPS) der Universität Basel bietet mehrere hilfreiche Tools an, um die eigene Organisation zu verorten und Plattformen wie StiftungSchweiz oder Fundraiso helfen, Informationen über die eigene Organisation zu teilen und andere NPOs zu finden.

Ihr Einstieg in die NPO-Welt

Kolumbus ist mit seinem Ziel gescheitert, den Westweg nach Indien zu finden. Dafür hat er aber etwas viel Größeres erreicht, nämlich die Entdeckung eines neuen Kontinents. Dieses Buch hilft Ihnen, damit Sie nicht mit falschen Erwartungen Ihren Einstieg in die NPO-Welt planen. In den nachfolgenden Kapiteln finden Sie einige grundsätzliche Wahrheiten über die NPO-Welt, erste Ansätze für ein wirksames NPO-Management und wir zerstören ein paar Klischees, die Sie vielleicht noch von den NPOs haben. Dadurch wollen wir Sie nicht entmutigen, den Schritt in die NPO-Welt zu wagen, sondern Ihnen helfen, dass Sie besser darauf vorbereitet sind!

Zentrale Begrifflichkeiten zum Non-Profit-Sektor

Verein: Der Verein ist die häufigste Rechtsform bei Schweizer NPO. Er zeichnet sich dadurch aus, dass er zwingend Mitglieder haben muss und ansonsten die rechtlichen Grundlagen sehr einfach sind, z. B. besteht keine Eintragungspflicht ins Handelsregister.
Verband: Als Verband wird im Allgemeinen eine Organisation bezeichnet, in der sich vor allem juristische Personen (Unternehmen, andere NPOs etc.) zusammengeschlossen haben. Häufig ist die Rechtsform ein Verein und es besteht oftmals eine hierarchische Struktur, z. B. National- und Kantonalverband.
Stiftung: Eine Stiftung ist eine Rechtsform, die keine Mitglieder kennt und als einziges Gremium einen Stiftungsrat hat. Dafür untersteht sie einer staatlichen Aufsicht und muss im Handelsregister eingetragen sein.
Genossenschaft: Eine Genossenschaft ist eine Rechtsform, die einen wirtschaftlichen Nutzen für die Mitglieder erbringen soll. Sie unterliegt strengen Regeln hinsichtlich Kapitalbeschaffung und Mitbestimmung. Besonders beliebt sind Genossenschaften in den Bereichen Landwirtschaft, Wohnungswesen und Konsum.

> **Gemeinnützigkeit:** Nach dem Steuerrecht kann eine Organisation von bestimmten Steuern befreit werden, wenn sie insbesondere uneigennützig und im Allgemeininteresse handelt. Die Entscheidung liegt bei der jeweiligen kantonalen Steuerverwaltung. Die Zuwendungen an diese NPO können von den Spender:innen bei der Steuererklärung geltend gemacht werden. Andere NPOs ohne Steuerbefreiung verfolgen sogenannte ideelle Zwecke und profitieren von bestimmten Freibeträgen.
> **Freiwillige:** Freiwillige engagieren sich unentgeltlich oder minimal entschädigt für eine NPO. Rund 2/3 der gesamten Arbeitsleistung in NPOs werden von Freiwilligen geleistet. Sie sind deshalb eine sehr wichtige Ressource für NPOs.
> **Ehrenamt:** Als Ehrenamt werden gewählte oder berufene Funktionen in einer NPO bezeichnet, z. B. Vorstand oder Stiftungsrat. Grundsätzlich sollte das Ehrenamt unentgeltlich sein, jedoch kann und soll auch eine Vergütung möglich sein, wenn dies der Zweckerfüllung der NPO dient.

Literatur

Fischer, A., Lamprecht, M., & Stamm, H. (Hrsg.). (2025). *Freiwilligenmonitor Schweiz 2025, im Auftrag der SGG*. Seismo Verlag.

Jakob, D., Brugger, L., & Humbel, C. (2023). *Recht der Non-Profit-Organisation*. Dike Verlag.

Jakob, D., von Schnurbein, G., & Schönenberger, K. (2025). *Der Schweizer Stiftungsreport 2025*. CEPS.

Pennerstorfer, A., & Schneider, U. (2022). Der Nonprofit-Sektor in Österreich. In M. Meyer, R. Simsa, & C. Badelt (Hrsg.), *Handbuch der Nonprofit-Organisation* (6. Aufl., S. 55–72). Schäffer-Poeschel Verlag.

von Schnurbein, G. (2022). Der Nonprofit-Sektor in der Schweiz. In M. Meyer, R. Simsa, & C. Badelt (Hrsg.), *Handbuch der Nonprofit-Organisation* (6. Aufl., S. 34–54). Schäffer-Poeschel Verlag.

ZEWO (Hrsg.) (2024). Der Zewo-Spendenreport, online verfügbar: https://zewo.ch/de/der-spendenreport/. Zugegriffen 4. Apr. 2025.

2

Keine NPO ist eine Insel

Die Mission jeder Non-Profit-Organisation ist es, ein selbst gesetztes Ziel zu erreichen, sei dies sozial, kulturell oder in Bezug auf die Umwelt. Oft sind es große Ziele wie die vollständige Verhinderung von Gewalt gegen Kinder oder den chancengleichen Zugang zu Bildung in Entwicklungsländern. Beides ist nicht von einer Organisation allein zu erreichen, aber mit jedem zusätzlichen Akteur, der sich für dasselbe Ziel einsetzt, erhöht sich die Chance, wirklich etwas zu bewirken.

Dies ist der Grund dafür, dass man im NPO-Sektor sehr stark in Allianzen und Kooperationen arbeitet, oft auch mit der öffentlichen Hand, seltener mit Wirtschaftsunternehmen.

Sechs Wege, um die eigenen Ziele zu erreichen
Jede NPO hat sich ihre Ziele gesetzt, normalerweise gleich bei der Gründung in den Statuten oder der Gründungsurkunde. Um diese gesellschaftlichen Ziele zu erreichen, stehen jeder Organisation sechs unterschiedliche Wege zur Verfügung, die auch kombiniert werden können bzw. werden. Man nennt sie Interventionsfelder, einen Überblick zeigt Abb. 2.1.

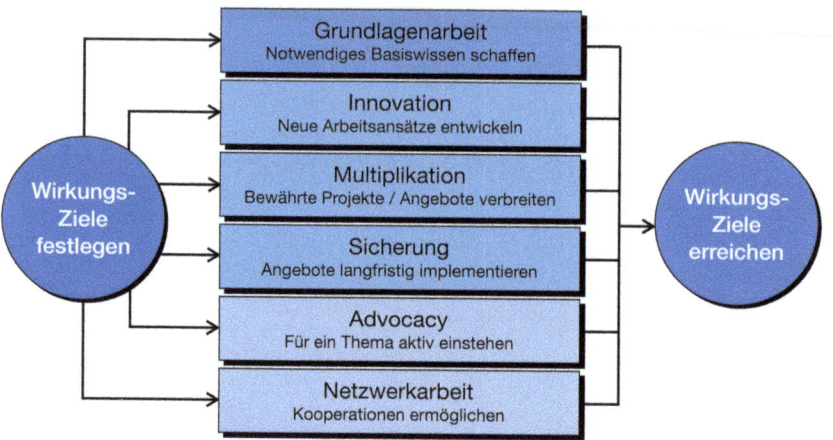

Abb. 2.1 Interventionsfelder der NPO-Arbeit. (Quelle: Schmuki Vorlesung NPO-Strategie, 2019)

Grundlagenarbeit Um ein gesellschaftliches Problem langfristig und kompetent angehen zu können, benötigt man ein vertieftes Wissen zur Problemstellung. Dazu braucht es wissenschaftliche Grundlagenarbeit, die alle Facetten einer Fragestellung beleuchtet und jene Informationen bereitstellt, die für die Erarbeitung einer Lösung notwendig sind.

Innovation Die auf Basis der Grundlagen entstandenen Interventions-Ideen müssen getestet und entwickelt werden. Dazu braucht es ein hohes Fachwissen, stabile Organisationsstrukturen und von Beginn weg eine gute Vernetzung mit anderen Organisationen und Fachleuten im Arbeitsbereich.

Multiplikation Bewährt sich eine dieser Innovationen, dann sollte diese Lösung möglichst vielen Menschen oder Regionen zugutekommen. Es gibt Organisationen, die sich auf Multiplikation spezialisiert haben und Projekte übernehmen, die sich im Kleinen bewährt haben – denn nicht jede NPO, die entwickeln kann, kann auch die Verbreitung gewährleisten.

Sicherung Projektideen und Angebote, die sich bewähren, sollen auch lange für möglichst viele Menschen zur Verfügung stehen. Deshalb ist für eine Organisation nicht nur die Projektentwicklung und Verbreitung, sondern auch die langfristige Sicherung bedeutend – etwa durch staatliche Leistungsaufträge.

Advocacy Wenn es nicht schon in der Grundlagenarbeit deutlich geworden ist, dann zeigt die Projektarbeit in vielen Fällen auf, dass für eine Problemlösung nicht nur das Leistungsangebot, sondern auch die Rahmenbedingungen geändert werden müssen. Ein gesellschaftlicher Prozess der Information und Sensibilisierung und daran anschließend eine politische oder juristische Aufklärungsarbeit ist anzustoßen und ausdauernd zu verfolgen.

Netzwerkarbeit Fast jede Problemstellung benötigt ein gemeinsames Vorgehen, um langfristige wirksame Veränderungen zu erreichen. Selbst fachspezifische Herausforderungen können häufig nur gemeinsam mit anderen Expert:innen gelöst und weiterentwickelt werden.

Kooperation statt Konkurrenz

Allen sechs Interventionsfeldern ist gemeinsam, dass eine NPO die erwünschten Ziele mit einer steigenden Anzahl an weiteren Organisationen, die in die gleiche Richtung forschen, arbeiten und politisch wirken, besser erreicht. Es geht also – und dies ist von zentraler Bedeutung – im NPO-Bereich nicht um Konkurrenz, sondern um gemeinsame, koordinierte gesellschaftliche Arbeit.

Dies steht bis zu einem gewissen Maß im Widerspruch zur Konkurrenz um finanzielle Mittel, der alle operativen NPOs gleichermaßen unterworfen sind. Die wachsenden Spenden- und Subventionssummen der letzten Jahre haben aber gezeigt, dass selbst in dieser Konkurrenzsituation die NPOs sich nicht zwingend gegenseitig die Erträge streitig machen, sondern dass das größere Angebot an Alternativen den Markt an sich vergrößert hat. Man muss sich also nicht gegenseitig bekämpfen, sondern vielmehr die eigenen, unverkennbaren Kompetenzen und Qualitäten stärken und einbringen.

Die besondere Geschichte der „Pros" in der Schweiz

Die klassische Definition des NPO-Sektors grenzt ihn zum einen vom Staat (private Organisationen) und zum anderen vom Markt (nicht gewinnorientiert) ab. Die englischen Begriffe „Not-for-profit"- und

„Non-governmental"-Organisationen betonen diese Abgrenzung jeweils sehr deutlich.

Das politische System einer Konkordanzdemokratie in der Schweiz mit der Beteiligung aller relevanten politischen Gruppierungen an der Macht und der damit verbundenen politischen Stabilität, hat dazu geführt, dass sich staatliche Behörden in viel geringerem Maße dem gerade regierenden Parteiprogramm anpassen müssen (Linder & Müller, 2017). Ämter arbeiten sehr konstant und über Jahre an Themenlösungen und entwickeln hohe Fachkompetenz. Sie können dadurch in vielen Bereichen die eigentlichen Treiber von gesellschaftlichen, kulturellen oder umweltpolitischen Entwicklungen sein.

Diese sich wenig ändernde politische Ausrichtung der Ämter in der Schweiz hat eine weitere Schweizer Besonderheit ermöglicht: die Entstehung fast-staatlicher Institutionen als wichtige Akteure in der gesellschaftlichen Entwicklung der Schweiz. Zu Beginn des 20. Jahrhunderts entwickelte sich der Sozialstaat, aber gleichzeitig wurden in der Schweiz die Aufgaben im Jugend-, Behinderten-, Alters- und Familienbereich ausgegliedert. Es gibt bis heute in der Schweiz weder ein Kinder- und Jugend-, ein Familien- oder ein Altersministerium. Dies alles wurde „privatisiert", sprich an private Organisationen ausgelagert, die vom Staat stark unterstützt werden; die Schweizer „Pros": Pro Juventute für Jugendfragen (1912), Pro Senectute für das Alter (1917), Pro Infirmis für die Begleitung von Menschen mit Behinderungen (1935) und Pro Familia für familienpolitische Fragen (1942). Viele der Grundlagenpapiere dieser Hilfswerke bestimmten die Schweizer Politik viel nachhaltiger als parteipolitische Forderungen (Schumacher, 2010). Das familienpolitische Programm der Pro Familia war z. B. bis in die 80er-Jahre das wichtigste familienpolitische Grundlagenpapier der Schweiz.

Die Zusammenarbeit zwischen Staat und Non-Profit-Sektor hat in der Schweiz eine lange Tradition. NPOs in der Schweiz müssen ihre Allianzarbeit deshalb sinnvollerweise auch im staatlichen Bereich betreiben, wollen sie nicht Gefahr laufen, wichtige Entwicklungen und staatliche Förderung zu verpassen. Denn obwohl von staatlichen Stellen viele Impulse ausgehen und sich die einzelnen Beamt:innen über langjährige fachliche Erfahrung verfügen, bleibt die Projektarbeit zum größten Teil die Aufgabe der privaten Organisationen.

Public-Private-Partnership zwischen 1. und 3. Sektor hat in der Schweiz eine lange und weitreichende Tradition, auf der man aufbauen kann.

> **Die große Verwirrung**
>
> Der Ausdruck „Dritter Sektor" und „3. Sektor" wird in der Theorie unglücklicherweise zwei Mal benutzt, was immer wieder zu Missverständnissen führt. Kennen Sie die beiden Bedeutungen?
> Sie finden die Auflösung im Glossar am Ende dieses Buches.

Literatur

Linder W., & Müller S. (2017). *Schweizerische Demokratie, Institutionen – Prozesse – Perspektiven, 4., vollständig überarbeitete und aktualisierte Ausgabe.* Haupt Verlag.

Schumacher, B. (2010). *Freiwillig verpflichtet – Gemeinnütziges Denken und Handeln in der Schweiz seit 1800.* Verlag Neue Zürcher Zeitung.

3

Wofür setzen wir uns ein?

Viele Menschen gehen heute nur noch an Weihnachten in einen Gottesdienst. Die Kirche hat hier nach wie vor ein Monopol und damit einen „strategischen Wettbewerbsvorteil": Einmal im Jahr ist das Haus voll! Daraus ergibt sich aber nun ein Dilemma für die verantwortlichen Pfarrer:innen und Priester: Sie können einen klassischen Gottesdienst feiern mit Krippenspiel, alten Kirchenliedern, Orgelspiel und Kirchenchor. Oder sie setzen auf neue Formen mit modernen Liedern, künstlerischer Darbietung oder eine Band, wie sie es im Jahreslauf in «normalen» Gottesdiensten auch öfter tun. Im ersten Fall sagen dann viele der «Jahresgäste» nach dem Gottesdienst: «Es hat sich nichts verändert!» Im zweiten Fall könnten einige verstört sein, weil Weihnachten ohne «Stille Nacht, heilige Nacht» für sie nicht Weihnachten ist. Beide Varianten stehen für bestimmte Werte und Normen und es ist die Aufgabe der Führungskräfte in einer NPO, die Werteorientierung der NPO immer wieder neu zu überprüfen.

Werte werten
Da NPOs einen gemeinnützigen Zweck verfolgen und damit grundsätzlich gesellschaftliche Themen betreffen, stützen sie ihre Aktivitäten un-

weigerlich auf ein bestimmtes Wertesystem. Dies kann sich aus der Geschichte der NPO, ihrer Gründerperson, einem Bezug zu einem bestimmten Wertekanon oder anderen Einflussfaktoren ergeben. So ist die Gesellschaft für das Gute und Gemeinnützige (GGG) in Basel im Kern ein Kind der Aufklärung und Greenpeace eines der 68er-Bewegung. Die Fondation Beyeler fühlt sich dem Erbe ihres Gründers verpflichtet, genauso wie die Sozialwerke Pfarrer Ernst Sieber dem seinen. Das IKRK beruft sich u. a. auf die Haager Landkriegsordnung, genauso wie die Sustainable Development Goals (SDGs) heute die Grundlage für viele NPOs bilden. Der Ursprung der Wertebasis einer NPO kann also sehr unterschiedlich sein.

Die Herausforderung im Zusammenhang mit Werten ist, dass sie sich im Lauf der Zeit wandeln und sich die Wahrnehmung in der Gesellschaft ändern kann. So galten im 19. Jahrhundert die Liberalen in der Schweiz als «die Radikalen» und die Republikaner in den USA vereinigten die progressiven Kräfte. Heute gelten beide Parteien als konservativ. Auch NPOs müssen ihre Werte immer wieder hinterfragen und der gesellschaftlichen Entwicklung anpassen und gleichzeitig den Kern ihrer Zwecksetzung nicht vernachlässigen. Die Stiftung Pro Juventute beispielsweise hat in den 1970er-Jahren ganz andere Werte vertreten als heute. Die Veränderung geht in diesem Fall sogar so weit, dass sich die Organisation kritisch mit ihrer eigenen Vergangenheit (z. B. die Platzierung von Kindern von Fahrenden) auseinandergesetzt hat und die damalige Einstellung aufgearbeitet hat (Meier & Galle, 2009).

Wie zu Beginn am Beispiel von Weihnachten beschrieben, besteht für NPOs immer die Gefahr, dass innerhalb der Organisation unterschiedliche Wertvorstellungen bestehen, die sogar zu Konflikten in der Entscheidungsfindung führen können. Ein typisches Problem ist dabei die Differenz zwischen den «Profis» in der Geschäftsstelle und den „Laien"-Mitgliedern an der Basis. Während die Profis andauernd die neueste Entwicklung mitbekommen und damit konstant und stetig ihre Wertevorstellung verändern und anpassen, hat die Basis nur sporadisch und oftmals reduzierten Kontakt mit aktuellen Entwicklungen. Vielmehr bleibt die Basis gerne an den Errungenschaften der Vergangenheit hängen und zeigt eine gewisse Trägheit gegenüber Veränderungen. Wenn diese Dissonanz nicht regelmäßig abgebaut wird, leben sich beide Gruppen auseinander, bis sich an einem spezifischen Thema der Konflikt entlädt. Dann stehen schnell Vorwürfe von «mission drift» (d. h. Vernachlässigung der Zweckerfüllung), «Werteverrat», «Unverbesserlichkeit», oder «Geldgier» im Raum (Hersberger-Langloh et al., 2021). In diesem Spannungsfeld zwischen Profis und Basis kommt dem Vorstand eine wichtige Aufgabe zu.

Der Vorstand als Wertewächter
Unabhängig von der Organisationsstruktur ist es eine zentrale Aufgabe des Vorstandes oder Stiftungsrats, den Organisationszweck und die damit verbundenen Werte zu schützen. Dies kann nach außen gegenüber dem Umfeld gerichtet sein, oder nach innen. Denn gerade für die Geschäftsführung, die das operative Geschäft im Blick hat, stehen neue Aktivitätsfelder und Opportunitäten im Vordergrund. In solchen Fällen müssen Vorstände und Stiftungsräte auf die Einhaltung des Wertesystems pochen. Gleichzeitig ist es aber auch ihre Aufgabe, eine Verkrustung der Organisation zu verhindern, weil man an einem nicht mehr zeitgemäßen Wertekanon festhält. So mussten beispielsweise die Gewerkschaften nach den Jahrzehnten der Vollbeschäftigung feststellen, dass ihr Einsatz nicht nur den Arbeitnehmer:innen gelten kann, sondern auch jenen gelten muss, die keinen Arbeitsplatz haben. Viele christliche Organisationen sehen sich heute herausgefordert, den Begriff „christlich" für sich neu und möglichst genau zu definieren.

Veränderungen im Wertesystem können an Begriffen deutlich werden oder an einer grundsätzlichen Neudefinition. Solche Prozesse sind vom Vorstand zu initiieren, jedoch immer partizipativ mit Interessengruppen innerhalb und außerhalb der Organisation umzusetzen (Meyer & Maier, 2015).

Leitbild – der Prozess dazu steht im Zentrum
Das Wertesystem einer NPO muss sich in den Aktivitäten und Positionen der Organisation widerspiegeln. In einem Leitbild werden die zentralen Wertvorstellungen der NPO festgehalten und für alle verfügbar gemacht. Anschließend kann jedes weitere Konzept oder Projekt an diesem Leitbild ausgerichtet und daraufhin überprüft werden. Das Leitbild sollte allen Beteiligten (Mitglieder, Mitarbeitenden, Freiwilligen, Spender:innen etc.) bekannt sein und aktiv vermittelt werden, damit es nicht

zum Papiertiger wird. Auch muss es regelmäßig überprüft und ggf. angepasst werden.

Ein Leitbild zu formulieren, braucht nicht nur (aber auch) viel Sprachgefühl. Viel wichtiger ist das Gefühl für das richtige Vorgehen. Schließlich geht es beim Leitbild um die Formulierung grundsätzlicher Regeln für die Organisation. Daher können in der Diskussion unterschiedliche Auffassungen und Verständnisse in Bezug auf die NPO-Aktivitäten auftreten, die im täglichen Betrieb von operativen Prozessen überlagert werden. Zielsetzung der Leitbildentwicklung ist deshalb eine breite Akzeptanz bei den wichtigsten Interessengruppen. Dies sind zunächst einmal alle innerhalb der NPO tätigen Personen (Vorstand/Stiftungsrat, Geschäftsführung, Mitarbeitende, Freiwillige etc.). Je nach Ausrichtung und Arbeitsweise der NPO ist es zudem ratsam, die Meinung wichtiger externer Stakeholder zu berücksichtigen. Der Prozess muss abgekoppelt vom Tagesgeschäft geplant und durchgeführt werden, z. B. in kurzen Workshops. Auch lässt sich ein Leitbild nicht in einer Woche verwirklichen. Vom Beginn der Überarbeitung oder Erstformulierung bis zur Kommunikation nach außen kann durchaus ein Zeitraum von 1 bis 1,5 Jahren vergehen. Dies ist insbesondere davon abhängig, wie viele Personen und Interessengruppen an der Entwicklung beteiligt werden.

Inhalte eines Leitbildes

Ein Leitbild lässt sich vergleichen mit einem Passfoto. Beim Passfoto wird nur der Kopf fotografiert, und zwar so, dass ein schneller und unverwechselbarer Abgleich mit der realen Person möglich ist. Genauso sollte das Leitbild als Passfoto der Stiftung kurz, prägnant und präzise sein sowie die Unverwechselbarkeit der Organisation herausstreichen.

- Wichtige Inhalte eines Leitbilds sind:
- Ziele und Zweck der Organisation (Was wollen wir?)
- Selbstverständnis (Wer sind wir?)
- Leistungen und Verständnis der Leistungserbringung (Was machen wir?)
- Umgang mit Ressourcen und Verhältnis zu anderen (Wie engagieren wir uns?)

> Weniger ist mehr! Ein Leitbild sollte als Quintessenz nie mehr als eine oder zwei Seiten Text umfassen. Es muss auch nicht jedes Leitbild alle der oben genannten Bereiche umfassen. Abhängig von der Tätigkeit, der Größe der NPO oder ihrer Komplexität können die Inhalte deutlich variieren.
> Ein einprägsames Beispiel für ein Leitbild bietet der Schweizer Alpen-Club (SAC): https://www.sac-cas.ch/fileadmin/Der_SAC/%C3%9Cber_uns/SAC-Leitbild.pdf

Literatur

Hersberger-Langloh, S., Stühlinger, S., & von Schnurbein, G. (2021). Institutional isomorphism and nonprofit managerialism: For better or worse? *Nonprofit Management and Leadership, 31*, 461–480. https://doi.org/10.1002/nml.21441

Meier, T., & Galle, S. (2009). *Von Menschen und Akten: Die Aktion «Kinder der Landstrasse» der Stiftung pro Juventute*. Chronos Verlag Zürich.

Meyer, M., & Maier, F. (2015). The future of civil society organization governance: Beyond managerialism. In *Civil society, the third sector and social Enterprise* (S. 45–57).

4

Wie werden Freiwillige zu einer regenerativen Quelle?

Freiwillige sind eine wichtige gesellschaftliche Ressource. Wie bei jeder Ressource ist es für die langfristige Verfügbarkeit wichtig, wie man damit umgeht. Da Freiwilligenarbeit kostenlos ist, wird oft angenommen, dass sie unendlich zur Verfügung steht, so wie das Wasser in einem Bach, das vorbeirauscht. Man kann immer wieder neues Wasser schöpfen und das gebrauchte Wasser fließt ab. Freiwillige muss man sich aber besser als einen Weiher vorstellen, bei dem es nur geringen Zufluss an frischem Wasser gibt. Wird immer wieder Wasser entnommen und gebraucht zurückgeschüttet, dann kann das System irgendwann kippen. Auf Freiwillige übertragen bedeutet dies, dass ein schlechter Umgang mit Freiwilligen dazu führen kann, dass Personen, die von ihrem freiwilligen Engagement enttäuscht sind, nicht nur für diese eine Organisation verloren gehen, sondern für andere NPOs auch.

In unserer Gesellschaft gibt es viele Möglichkeiten zum freiwilligen Engagement. Angefangen bei den Pfadfinder:innen über Jugendtrainer:innen im Sport und Hilfsangebote für Benachteiligte bis hin zum Präsidium in einem Verband findet sich für jeden Menschen eine passende und sinnvolle Aufgabe. Ohne freiwilliges Engagement hätte die heutige Gesellschaft ein anderes Gesicht. 37 % der gesamten Arbeitsstunden in NPOs werden von Freiwilligen getätigt. Das Ergebnis der statistischen Auswertungen der Freiwilligenarbeit zeichnet aber ein anderes Bild. Im Freiwilligen-Monitor liest sich das Profil des idealtypischen formellen Freiwilligen in NPOs wie folgt: männlich, 40–64 Jahre alt, höheres Bildungsniveau und berufstätig mit einem Haushaltseinkommen von über 5000 Franken. Darüber hinaus wurde vom Bundesamt für Statistik ein Rückgang des freiwilligen Engagements in der Bevölkerung von 38 % im Jahr 2007 auf 33 % im Jahr 2020 berichtet (Lamprecht et al., 2020). Gestützt auf diese beiden Befunde gewinnt man den Eindruck, dass freiwilliges Engagement ein Privileg oder Luxus ist.

Luxusgut und Allgemeingut zugleich
Wenn man Luxus als das versteht, was über das übliche Maß hinausgeht, dann ist freiwilliges Engagement – und insbesondere die formelle, organisierte Freiwilligenarbeit in NPOs – ein Luxusgut, da es nicht zur Sicherung des Lebensunterhalts dient. Wer sich freiwillig engagiert, ist bereits abgesichert. Daraus erklärt sich auch, warum der Anteil des freiwilligen Engagements bei Beschäftigten höher ist als bei Arbeitssuchenden. Gerade in Rezessionen kann man immer wieder feststellen, dass mit steigender Arbeitslosigkeit die Freiwilligenarbeit sinkt, obwohl ja dann mehr Freizeit zur Verfügung stehen würde.

Auch aus Sicht der NPOs sind Freiwillige beileibe keine Massenware. Vielmehr suchen NPOs heute vermehrt und gezielt gut ausgebildete und kompetente Personen für spezifische Aufgaben. Man muss es sich also leisten können, freiwillig engagiert zu sein. Der elitäre Anstrich verblasst aber zusehends, wenn man die Gesamtheit des freiwilligen Engagements betrachtet. Dazu gehört insbesondere auch die informelle Freiwilligenarbeit, welche außerhalb von Organisationen stattfindet, z. B. in der Hilfe zwischen Nachbarn. Der idealtypische informelle Freiwillige ist weiblich, älter und weniger gebildet im Vergleich zum idealtypischen formellen Freiwilligen in NPOs. Noch größere Abweichungen vom idealtypischen Profil des formellen Freiwilligen sind in neuen Formen des freiwilligen Engagements anzutreffen. Lose neue Bewegungen wie die Urban Farmers, die in städtischen Gebieten Gärten anlegen und sich selbst wohl kaum als „Freiwillige" bezeichnen würden. Genauso wenig die Jugendlichen, die online ihr Fachwissen zu ihren Hobbies mit anderen teilen. Aus dieser

Warte wird Freiwilligenarbeit zum Allgemeingut, da sich alle daran beteiligen können. Jede:r kann sich freiwillig engagieren und darf andererseits auch freiwilliges Engagement in Anspruch nehmen. Es gibt in der Schweiz für fast alle Lebenslagen eine NPO, die Hilfe oder Unterstützung bietet und häufig sind dabei Freiwillige involviert. Freiwilliges Engagement ist eine Leistung für die gesamte Gesellschaft.

Freiwilligenarbeit als strategische Komponente
Freiwillige sind eine wichtige Ressource für NPOs, die flexibel und kostengünstig ist. Jedoch gilt es dazu einige wichtige Grundsätze beim Einsatz von Freiwilligen zu berücksichtigen (Studer & von Schnurbein, 2013). Der erste und wichtigste Grundsatz ist, dass die Freiwilligenarbeit auf der strategischen Ebene der Organisation verankert werden muss. Das ist nicht mit einem Halbsatz im Leitbild getan, sondern erfordert eine regelmäßige Auseinandersetzung mit dem Thema im Vorstand. Die Entwicklung der Freiwilligenarbeit sollte für den Vorstand genauso relevant sein wie das Fundraising. Eine strategische Verankerung bedeutet auch, dass in Freiwilligenarbeit investiert wird, z. B. durch Schulungen, Vernetzung oder Werbung. Grundsätzlich ist Freiwilligenarbeit günstiger als die Kosten für hauptamtliche Beschäftigte. Aber sie wird nur effizient, wenn den Bedürfnissen der Freiwilligen Sorge getragen wird und sie sich von den Führungspersonen der NPO ernst genommen fühlen.

Das führt zum zweiten Grundsatz: Freiwillige sind nicht einfach Mitarbeitende ohne Arbeitsvertrag, sondern eine eigenständige Personalgruppe. In der Praxis bedeutet dies, dass es für Freiwillige eine spezifische Verantwortung in der Organisation braucht. In größeren NPOs übernimmt ein:e Freiwilligenkoordinator:in diese Aufgabe, zu der insbesondere gehört, zwischen den Freiwilligen und den hauptamtlich Beschäftigten zu vermitteln. Ziel muss es sein, dass die Freiwilligen eine sinnstiftende Aufgabe erhalten und gleichzeitig die Arbeit der hauptamtlichen Mitarbeitenden unterstützen oder gar erleichtern. So kann Freiwilligenarbeit zur Zweckerfüllung beitragen und einen Gewinn für die Zielgruppe darstellen (von Schnurbein et al., 2022).

> **Was können Sie tun?**
>
> Falls Ihre NPO mit Freiwilligen arbeitet, nehmen Sie selbst einmal an einem Freiwilligeneinsatz teil, um deren Perspektive kennenzulernen!
>
> Prüfen Sie in Ihrer NPO, wie der Wert der Freiwilligenarbeit auf strategischer Ebene verortet ist. Gibt es im Leitbild einen Grundsatz zur Freiwilligenarbeit? Werden Ressourcen für die Rekrutierung und Betreuung von Freiwilligen im Budget vorgesehen? Wie drückt Ihre NPO den Freiwilligen eine Wertschätzung aus?

Literatur

Lamprecht, M., Fischer, A., & Stamm, H. (Hrsg.). (2020). *Freiwilligenmonitor Schweiz 2020, im Auftrag der SGG*. Seismo.

Studer, S., & von Schnurbein, G. (2013). Organizational factors affecting volunteers: A literature review on volunteer coordination. *VOLUNTAS: International Journal of Voluntary and Nonprofit Organizations, 24*(2), 403–440. http://www.jstor.org/stable/42629816

von Schnurbein, G., Hollenstein, E., Arnold, N., & Liberatore, F. (2022). Together yet apart: Remedies for tensions between volunteers and healthcare professionals in Interprofessional collaboration. *VOLUNTAS: International Journal of Voluntary and Nonprofit Organizations*. https://doi.org/10.1007/s11266-022-00492-5

Teil II

Verstehen

5

Verstehen Sie die NPO-Sprache?

Reisenden wird geraten, dass man die Sprache eines Landes spricht, um etwas von seiner Kultur zu verstehen. Bei einem Wechsel aus der Wirtschaft oder einer staatlichen Stelle in die NPO-Welt gilt dasselbe: Es gibt bereichsspezifische Eigenheiten, die man verstehen muss. Doch gerade beim Wechsel in den gemeinnützigen Sektor wird oft angenommen, ausreichend kompetent zu sein, weil jede:r zu den Themen im Sozial-, Umwelt-, Kultur-, Gesundheits- der Bildungsbereich ausreichend eigene Erfahrung mitbringt: Wir waren mal Kind und gingen zur Schule, wir haben vielleicht sogar selbst Kinder, wir genießen die Natur und gehen ins Theater. Das muss doch reichen! An dieser Haltung haben wir schon einige Einsteiger:innen in den NPO-Bereich scheitern sehen. Es reicht auch für den Einstieg als Automechaniker:in nicht, dass Sie schon viel Auto gefahren sind!

Interdisziplinär und breit vernetzt
Zwei Charakteristika prägen die NPO-Welt:
  Erstens arbeiten NPOs – also gemeinnützige Vereine, Stiftungen und in seltenen Fällen auch gGmbh und gAG (Helmig et al., 2010) – an

Lösungen für komplexe gesellschaftliche Problemstellungen oder geben kulturelle Werte weiter. Das ist vielschichtig und anspruchsvoll. Deshalb wird die Arbeit interdisziplinär und unter Einbezug möglichst vieler Aspekte und Perspektiven geleistet.

Zweitens bezieht die tägliche Arbeit einer NPO eine Vielzahl von Anspruchsgruppen (Stakeholder) ein: Klient:innen, Projektpartner:innen, das Klientenumfeld, Geldgeber:innen, Ämter, Forschende, Bildungseinrichtungen, Politik, Presse etc. Geht man in der Wirtschaft den Weg, die relevanten Stakeholder möglichst präzise einzugrenzen, geht man im 3. Sektor in die andere Richtung einer kontinuierlichen Ausdehnung der Anspruchsgruppen, weil darin ein zentraler Erfolgsfaktor liegt.

Beide Charakteristika basieren in ihrem Kern auf Kommunikation. Daraus lassen sich zwei grundsätzliche Voraussetzungen für einen erfolgreichen Einstieg in der NPO-Welt ableiten:

1. Sie kennen und verstehen die Sprache der für Ihre Arbeit relevanten Fachbereiche und Ihrer Kontakt- und Bezugspersonen und können so kommunizieren, dass man sie als glaubwürdiges Gegenüber akzeptiert.
2. Gleichzeitig pflegen Sie selbst eine Sprache, die möglichst allgemeinverständlich ist und die es den einzelnen Professionen in der NPO ermöglicht, ihre Kompetenzen konstruktiv zusammenzubringen und für die Organisation das Potenzial der Interdisziplinarität nutzbar zu machen.

Beispiel aus der Praxis – Babylon lässt grüßen
Wir werden regelmäßig gebeten, mit der Führung und den Teams einer Organisation strategische Ziele zu entwickeln. Einer der ersten Indikatoren, dass eine Organisation kein Problem mit der Strategiefindung, sondern eher mit ihrer internen Kommunikationskultur hat, ist für uns, wenn intern keine gemeinsame Sprache gesprochen wird.

Führungspersonen, oft Quereinsteiger aus der Wirtschaft, sprechen in ihrem Vorgehensplan von „…der Identifikation jener KPIs, die einen Impact auf die Bottom Line haben und ihrem neuen Fundraising-Konzept, das neue Schwerpunkte im Bereich High und Major Donor setzt, das diesen Impact abschwächen und damit strategisch ganz neue Möglichkeiten eröffnet".

Die Fachpersonen der Organisation erzählen uns von ihrem „…neuen salutogenetischen Ansatz, der mehr auf Resilienz setzt als auf verhaltenspräventive Modelle und aus dem sich evidenzbasierende Projekte ableiten lassen, die strategisch ganz neue Möglichkeiten eröffnen".

Solche Organisationen haben alles, was es für eine vielversprechende Zukunftsplanung braucht, doch sie bringen es nicht zusammen. Das Verhältnis zwischen Fach- und Verwaltungseinheiten in der NPO sind spannungsgeladen, obwohl sich eigentlich alle genau dasselbe überlegen: Wie können wir unsere Arbeit gut und gesichert weiterentwickeln? Es wurde keine gemeinsame Sprache entwickelt, um das Potential zu nutzen.

Hinter solchen Sprachstrategien verbergen sich oft auch Machtansprüche, die man verteidigen will, indem eine Fachsprache gepflegt wird, die Nicht-Eingeweihte ausgrenzt. Für eine NPO, und eigentlich für jedes Unternehmen ist dies Gift.

Freude am Unbekannten

Es ist eines der wunderbaren Privilegien der Arbeit in gemeinnützigen Organisationen, dass man in viele Fachthemen, Arbeitsfelder und Lebensumstände von Menschen hineinschauen kann. Betreibt Ihre Organisation zum Beispiel einen Treffpunkt für ältere Menschen, so steht möglicherweise in der Zielsetzung Ihrer Organisation, dass sie etwas gegen die Vereinsamung im Alter machen will. Damit dieser Zweck wirksam erfüllt werden kann, müssen Sie sich genauso mit ergänzenden Themen beschäftigen, z. B. mit medizinischen Fragen, mit Alkohol- und Medikamentenabhängigkeit, mit der Prävention von Osteoporose, mit Migrationsthemen und Intergenerationenansätzen und übergeordnet z. B. auch mit dem Zusammenhalt in der Gesellschaft.

Um erfolgreich in einen Vorstand oder Stiftungsrat Verantwortung zu übernehmen und eine NPO mitzutragen, ist es hilfreich, wenn Sie mit Freude und Neugierde den verschiedenen Perspektiven und Herangehensweisen in Ihrer NPO beggnen, bereit sind, sich in neue Themen und neue Fachsprachen einzudenken und selbst dazu beitragen, dass alle sich gegenseitig verstehen.

Ein Sprachquiz

Hier ist ein Multiple-Choice-Test mit 10 Begriffen, die man in der NPO-Welt so hört. Können Sie damit etwas anfangen? Die Lösungen finden Sie am Schluss.

1. **Vulnerable Gruppe**

   A) Eine Gruppe, die durch ihre hohe ökonomische Sicherheit und politische Macht heraussticht
   B) Eine Gruppe, die aufgrund von bestimmten Faktoren besonders anfällig für Risiken oder Benachteiligungen ist
   C) Eine Gruppe, die besonders kreativ und innovativ bei der Lösung gesellschaftlicher Probleme vorgeht

2. **Resilienz**

   A) Die Fähigkeit, sich nach Krisen schnell zu erholen und stabil zu bleiben
   B) Ein Faktor zur Risikovermeidung
   C) Ein Konzept für die Nachhaltigkeit in der Landwirtschaft

3. **Advocacy**

   A) Planung des möglichst optimalen Einsatzes von Mitteln und Freiwilligen in mehreren Projekten
   B) Information und Beeinflussung von Politikern in ihrer Parlamentarischen Arbeit (vor allem Legislative)
   C) Öffentliches Eintreten und Unterstützung für eine Sache oder Gruppe

4. **Capacity Building**

   A) Die gezielte Vergrößerung der Zielgruppen, die mit einem Programm angesprochen werden
   B) Das Fördern von Fähigkeiten und der Wissensressourcen in einer Organisation oder Gemeinschaft
   C) Der Fokus auf den technischen Ausbau der Arbeitsprozesse in einer Organisation

5. **Evaluation Design**

   A) Ein Finanzplan zur Gewinnmaximierung
   B) Die Gestaltung eines Logos zur Markenbildung
   C) Die Planung und Strukturierung eines Evaluationsprozesses

6. **Empowerment**

    A) Strategien zur Reduzierung von Mitarbeiterzahl, bei gleichzeitiger Erhöhung der Löhne
    B) Befähigung von Individuen oder Gruppen, ihre eigene Lebenssituation aktiv zu gestalten
    C) Der Einsatz von Digitalisierung zur Verbesserung der Wirkungen eines Projekts, Programms oder Beratungsangebots

7. **Theory of Change**

    A) Eine Theorie, wie man Währungsgewinne zwischen Projekten verschiedener Länder erzielen kann
    B) Ein Modell, das beschreibt, wie und warum gewünschte Veränderungen in einem sozialen System eintreten
    C) Eine Form der Gesellschaftsanalyse zur Vorhersage bevorstehender Probleme

8. **Salutogenetisch**

    A) Ansatz zur Bewahrung von Gesundheit und Wohlbefinden, basierend auf Resilienz und Ressourcen
    B) Der Einbezug ganz individueller, genetischer Wesensmerkmale eines Menschen in einem Projekt
    C) Eine Art, wie sich ein Problem in einer bestimmten Bevölkerungsgruppe entwickelt und weitergegeben wird

9. **Mission Investing**

    A) Investitionen, die sowohl finanzielle Renditen als auch die Verwirklichung eigener sozialer oder ökologischer Ziele verfolgen
    B) Investitionen, die ausschließlich auf kurzfristige Profite abzielen, um die eigene Mission zu finanzieren
    C) Ein Ansatz, der die Finanzierung von militärischen Projekten und Missionen unterstützt

10. **Systemisch**

    A) Wirkung eines einzelnen Elements innerhalb eines Systems
    B) Die Arbeit mit einem Lösungsansatz, der sich für viele Probleme gleich einsetzen lässt
    C) Vorgehen, bei dem alle Elemente bzw. Akteure eines Systems und ihre Wechselwirkungen zur Lösung einbezogen werden

Richtige Antworten: 1: B, 2: A, 3: C, 4: B, 5: C, 6: B, 7: B, 8: A, 9: A, 10: C

Literatur

Helmig, B., Bärlocher, C., & von Schnurbein, G. (2010). In B. Helmig, H. Lichtsteiner, & M. Gmür (Hrsg.), *Grundlagen und Abgrenzungen* (S. 103–117). Der Dritte Sektor der Schweiz.

6

Was wissen Sie als Quereinsteiger:in schon von einer NPO?

Wie gut sind Ihre Weinkenntnisse? Unterscheiden Sie zwischen Rot- und Weißwein, erkennen Sie den Unterschied zwischen einem Pinot Noir und einem Merlot oder nehmen Sie gar an Blindverkostungen teil und schmecken die unterschiedlichen Aromen eines Weines heraus? Wie dem auch sei, eigentlich kann man Wesen und Vielfalt des Weins erst vollkommen verstehen, wenn man selbst einmal einen Wein gekeltert hat.

Lernen vor Leisten
Ähnlich verhält es sich mit der NPO-Welt. Nicht selten suchen sich erfahrene Angestellte und Kaderpersonen aus der Wirtschaft eine Position in einer NPO, um den Übergang vom Berufs- zum Rentenalter mit einer Aufgabe zu füllen. Dies ist für beide Seiten sinnvoll und nützlich, jedoch sollten Sie sich bewusst sein, dass Sie – bildlich gesprochen – von Wasser zu Wein übergehen (oder umgekehrt!). Eine NPO, und besonders ihr Umfeld, funktionieren nicht wie ein Unternehmen. Wenn Sie es gewohnt waren, in Ihrer unternehmerischen Tätigkeit schnelle Entscheide zu fällen und unmittelbare Berichte zu Resultaten zu erhalten, werden Sie in der NPO Geduld lernen müssen. Entscheide müssen meist durch

mehrere Gremien abgesegnet werden, die in einem festen Rhythmus über das Jahr verteilt tagen.

Auch ist im Umgang mit Freiwilligen oftmals ein anderer Ton notwendig als mit angestellten Mitarbeitenden (Walk et al., 2022). Schließlich besteht kein Arbeitsvertrag und Freiwillige sind oftmals mehr der Aufgabe verpflichtet als der Organisation (siehe Kap. 4). Daher kann es schnell zu Fluktuationen kommen, wenn sich Freiwillige nicht ernst genommen oder wertgeschätzt fühlen.

Beim Einstieg in eine NPO sollten Sie sich den Grundsatz des erfolgreichen Investors Warren Buffet zu eigen machen: «Ich investiere nie in ein Unternehmen, dessen Geschäft ich nicht verstehe!» Übernehmen Sie auch keine Funktion in einer NPO, deren Tätigkeit Sie nicht verstehen. Dort wo Sie aktiv werden, sollten Sie nicht nur das Organigramm kennen, sondern die Aktivitäten der Organisation einmal selbst erlebt haben und verstehen, was die Beteiligten bewegt und zusammenbringt. Hilfreich kann dabei ein Götti-System oder – neudeutsch – Mentoring sein (Sprecher et al., 2021). Suchen Sie sich jemand Erfahrenen aus der Organisation, der Sie mit der Kultur, Sprache und Geschichte der Organisation vertraut macht. Gerade, wenn man von außen in eine Organisation hineinkommt, ist eine hohe Lernbereitschaft gefragt.

Ein unverbrauchter Blick

Andererseits sollten Sie auch nicht zu schnell in ausgetretene Pfade treten. Gerade Quereinsteiger:innen bringen einen frischen und unverbrauchten Blick auf die Organisation mit und können dadurch auch für Veränderung sorgen. Da NPOs der Veränderungsdruck durch Markt und Konkurrenz weitgehend fehlt, findet Wandel meist nur bei gravierenden Problemen statt (Spendeneinbruch, fehlende Führungskräfte u. ä.). Eine neue Person in einer NPO kann und sollte neue Impulse einbringen. Wer zu lange nur zusieht und bei allem nur mitmacht, wird schnell in den bestehenden Trott verfallen. Dann wird neuer Wein in alte Schläuche gefüllt, was weder dem Sinn und Ziel des Weinbauern noch des Weingenießers entspricht!

Ihre Entscheidung für einen Einstieg in ein NPO-Gremium sollten Sie von verschiedenen Aspekten abhängig machen. Dazu zählt nicht nur der

Zweck der Organisation, von dem Sie selbstverständlich überzeugt sein müssen. Sie sollten auch einen positiven Eindruck von Ihren zukünftigen Kolleg:innen im Gremium haben. Schließlich müssen Sie mit ihnen gemeinsam die NPO weiterentwickeln und dabei eine gute Zeit haben, aber auch einmal Meinungsverschiedenheiten klären können. Weiterhin sollten Sie den Zeitumfang festlegen, den Sie bereit sind zu investieren und dann mit den Erwartungen der NPO abgleichen. Zuletzt sollten Sie überzeugt sein, dass Sie mit Ihren Kompetenzen, Erfahrungen und Ihrem Netzwerk der Organisation helfen können.

Was man für den Start haben sollte

Um den Einstieg in eine NPO zu erleichtern, sollten Sie ein „Board Manual" mit folgenden Inhalten erhalten:

- Satzung/Urkunde
- Bestehende Reglemente oder Geschäftsordnung
- Sitzungskalender
- Stellenprofil
- Zugangsdaten zu Archiv mit Protokollen etc.

Literatur

Sprecher, T., Egger, P., & von Schnurbein, G. (2021). *Swiss Foundation Code*. Stämpfli.

Walk, M., Scott, C., & Littlepage, L. (2022). It's not all the same: Implemented and perceived HR practices in the volunteer context. *Review of Public Personnel Administration, 42*(3), 492–513.

7
Partizipation in und um die NPO

In verschiedenen Kapiteln kommt ein Hauptmerkmal des Non-Profit-Sektors vor: Die extrem breite Vernetzung und die große Anzahl von Stakeholdern, mit denen man einen möglichst konstanten, engen und vertrauensvollen Umgang pflegen sollte bzw. muss. Die Kernprämisse des Non-Profit-Sektors lautet: Niemand löst ein Problem im Alleingang.

Diese Forderung nach breiter Zusammenarbeit stellt ganz besondere Ansprüche an die Kommunikation und Beziehungspflege, innerhalb und außerhalb der Organisation. Sei es die Zusammenarbeit mit lokalen Teams, mit Freiwilligen, mit Geldgebern oder Anspruchsgruppen – immer schwingt eine grundsätzliche Frage mit: Inwieweit fassen wir auch die Entscheidungen gemeinsam? Die akzeptierte Antwort ist: immer, wenn dies irgendwie möglich ist.

Die neun Stufen der Partizipation
Der etwas überbeanspruchte Fachausdruck dazu heißt Partizipation. Vieles wird als Partizipation verkauft und hat wenig damit zu tun. Bekannte Beispiele, wie die Beteiligung der Bevölkerung am Planungsprozess zum Bahnprojekt Stuttgart 21, sind wohl eher Legitimations-Übungen, die wenig mit einer wirklichen Beteiligung an der Planung zu tun hatten. In-

zwischen ist gerade auch die Bevölkerung sehr kritisch gegenüber solchen Scheinbeteiligungen, die, als solche entlarvt, ganze Projekte beerdigen können. Oder man erlebt böse Überraschungen, wenn die Legitimierungsübung zum Gegenteil führt, wie die Volksabstimmung David Camerons zum Brexit.

Um sich Überlegungen zur Form der Partizipation, die man pflegen will, zu machen, ist die übersichtliche und gut verständliche Einteilung von Wright (Wright, 2010) hilfreich, die Sie in Abb. 7.1 sehen.

Im NPO-Bereich geht es im Kern um die Suche nach gut verankerten und breit getragenen gesellschaftlichen Entwicklungen. Ob es sich um Aufgaben und Programme im Sozial-, Gesundheits-, Umwelt-, Bildungs- oder Kulturbereich handelt, immer braucht es viele Menschen auf vielen Ebenen, die mithelfen, mittragen und sich mit der Arbeit identifizieren. Da diese Arbeit von Werten und Visionen und nicht von Ertrag und Gewinn getrieben wird, ist einer der Erfolgsfaktoren, dass die Beteiligten ein Programm oder Angebot als das ihrige empfinden. Partizipation ist das entscheidende Werkzeug, dieses Gefühl der Teilhabe zu erzeugen bzw. wirklich zu ermöglichen.

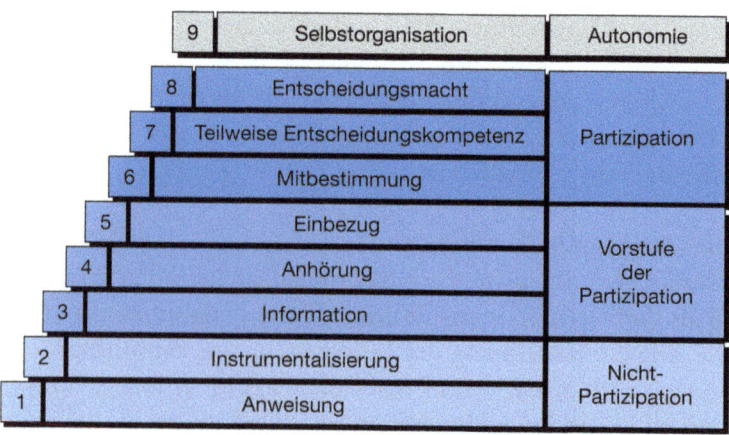

Abb. 7.1 Stufenmodell der Partizipation. (Eigene Darstellung nach Wright, 2010)

Es wird auch vom Partizipationsgewinn gesprochen, der zwar anerkennt, dass das Treffen einer Entscheidung in einem partizipativen Prozess länger dauert als eine Top-down-Anweisung. Aber die Umsetzung einer breit getragenen Entscheidung ist viel einfacher (vgl. Abb. 7.2).

Allgemeine Teilhabe vs. spezialisierte Expertise

Im Wirtschaftssektor sind viele Errungenschaften und Erfindungen auf einzelne Akteure zurückzuführen (oder werden mindestens so dargestellt). Doch auch hier wandelt sich der Markt. Inzwischen lernen Unternehmen auch von NPOs, wie man mögliche Kunden und Partner schon früh partizipativ und transparent in Entwicklungen einbezieht. Ein Spruch des renommierten Wirtschaftswissenschaftlers Peter Drucker fasst diese neue Arbeitsweise auch für die Wirtschaft kurz zusammen: „Knowledge is power. In post-capitalism, power comes from transmitting information to make it productive, not hiding it." (Drucker, 1995)

Der Non-Profit-Sektor war genau dies schon immer, eine Sharing Economy, weil es nicht anders geht. Eine der Kernfragen einer NPO ist deshalb, wie das erarbeitete Wissen und die eigene Expertise der Gesellschaft zugänglich gemacht werden können. Gleichzeitig ist es wichtig, gegen außen ein klares Profil zu haben, was man kann und worin man eine ganz spezielle Expertise hat. Dies wird noch etwas vertieft in Kap. 11: „Die genau richtige Kommunikation".

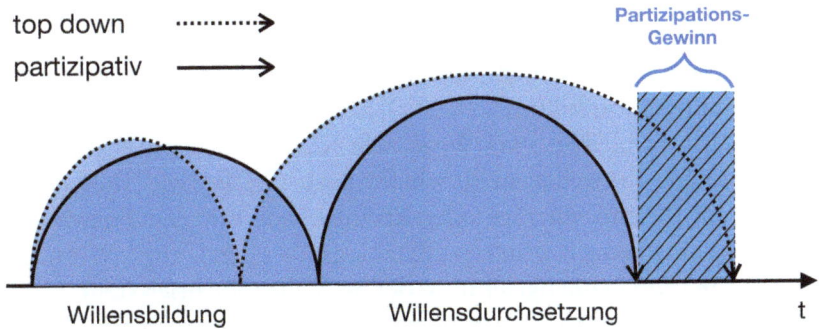

Abb. 7.2 Partizipations-Gewinn. (Eigene Darstellung in Anlehnung an Gmür et al., 2023, S. 153)

Die Fähigkeit, den richtigen Prozess zu wählen

Partizipation ist immer ein Prozess. Die Fähigkeit, die richtigen und passenden Prozesse zu wählen, um breit getragene Entscheide zu erhalten, gehört zu den Kernkompetenzen, die man im NPO-3. Sektor besitzen sollte. Es lohnt sich, in die eigene „Prozessintelligenz" lesend, sich weiterbilden und bei anderen abschauend zu investieren, denn diese Abläufe sind sensibel – nicht nur organisatorisch, sondern auch auf der Ebene der persönlichen Beziehungen. Oft beeinflussen „Soft"-Elemente wie die Form und richtige Reihenfolge der ersten Kontaktnahme zu den Akteuren den Prozesserfolg, ebenso wie die professionelle Ablaufplanung, eine gelungene Veranstaltungsmoderation und die begleitende Kommunikation. Partizipationsprozesse sind vielschichtig. Und die Forderung, dass sie ergebnisoffen zu gestalten sind, macht die Planung auch nicht einfacher.

Teilen von Wissen

Zu dieser Grundvorstellung des gemeinsamen Erarbeitens von Lösungen und Strategien gehört auch das gezielte Teilen von Wissen innerhalb einer Organisation. Kompetente Entscheide in der Gruppe basieren auf einer breiten Kenntnis des Themas und der Rahmenbedingungen. Diese Weitergabe von Wissen kann man nicht dem Zufall überlassen.

Oft wird in NPOs geklagt, dass zur Wissensweitergabe die Zeit fehlt. Doch Wissen und Fachkompetenz ist das einzige Kapital, über das eine gemeinnützige Organisation verfügt – dies ist jede Zeit wert, die man investiert. Und wenn wir genauer hinschauen, z. B. in einer Organisationsanalyse, stellen wir meist fest, dass es nicht an der Zeit fehlt, sondern an den passenden und gepflegten Austauschformaten oder einer konstruktiven Kommunikationskultur.

Dies heißt, es bleiben zwei Wege, wie wir die Wissensweitergabe sichern können: Entweder man schafft feste Gefäße wie Brown-Bag-Mittagessen, interne Vorträge oder Erzählabende mit den Freiwilligen. Oder man schafft eine Kultur des „Erzählens über den Gang". Wir haben eine Organisation kennengelernt, in der im Stellenbeschrieb steht: „10 % Ihrer Zeit müssen Sie auf dem Gang mit Kollegen verquatschen". Die Organisation ist eine der führenden in ihrem Bereich der Stadt- und Quartierentwicklung.

> **Der passende Prozess**
>
> Oben wird von „Fähigkeit, den richtigen Prozess zu wählen" als einer wichtigen Kompetenz von Vorständen und Verantwortlichen in NPOs gesprochen. Testen Sie sich doch einmal.
> Wie würden Sie im folgenden Fall vorgehen?
> In einem Verein, der im Suchtbereich Menschen berät und begleitet, mit zwei Teams in Bern und Lugano, mit Freiwilligen und Mitgliedern an beiden Standorten, einem Vorstand in Bern und einem über die ganze Schweiz verteilten Expertenrat, steht die Entscheidung an, ob man die Arbeit auf den Medikamentenmissbrauch ausdehnen soll. Dafür wären neue Kompetenzen in der Organisation notwendig und auch bei der Finanzierung wären andere Stellen zuständig.
> Wie würden Sie diesen Prozess bis zur Entscheidung strukturieren, wann ist wer involviert und wie lange würde dieser Prozess Ihrer Meinung nach dauern?

Literatur

Drucker, P. (1995). *Managing in a time of great change*. Verlag Truman Talley Books/Dutton.

Gmür, M., Lichtsteiner, H., Stuhlmann, K., Erpf, P., Andeßner, R., Schwarz, P., Purtschert, R., Schauer, R., Giroud, C., Bumbacher, U., & Philippi, C., 2023. Das Freiburger Management-Modell für Nonprofit-Organisationen (NPO). Haupt Verlag.

Wright, M. T. (Hrsg.). (2010). *Partizipative Qualitätsentwicklung in der Gesundheitsförderung und Prävention*. Verlag Hans Huber.

8

Vertrauen ist gut, aber wer kontrolliert?

Wem sind Sie als Führungskraft verpflichtet? In einem Unternehmen fällt die Antwort grundsätzlich leicht: Den Eigentümern. Bei der jährlichen General- oder Gesellschafterversammlung müssen Verwaltungsrat und Geschäftsführung Rechenschaft über die wirtschaftliche Entwicklung des Unternehmens abgeben. Wenn das Ergebnis nicht den Erwartungen entspricht, könnte Sie das Ihren Job kosten. Bei NPOs ist die Frage nach der Rechenschaftspflicht nicht ganz so einfach zu beantworten. Denn NPOs haben grundsätzlich keine Eigentümer. Im Verein haben Mitglieder besondere Mitbestimmungsrechte, aber ihnen gehört der Verein nicht. In Stiftungen ist die «Eigentümerlosigkeit» sogar gesetzlich festgelegt.

Das bedeutet nun aber nicht, dass Vorstände, Stiftungsräte und Geschäftsführungen in NPOs niemandem verpflichtet sind. Im Gegenteil – es ist sogar komplizierter! Da der Gewinn nicht an erster Stelle steht, besteht oftmals Unklarheit, was genau das Organisationsziel ist. Und weil die Eigentümer fehlen, müssen viele verschiedene Interessen berücksichtigt werden: Mitglieder:innen, Leistungsempfänger:innen und -betroffene, Spender:innen, Stifterpersonen, staatliche Geldgeber, Dachverbände usw. Die Verantwortung des Vorstands oder Stiftungsrats, den Handlungsrahmen für das Management festzulegen und einen Ausgleich zwischen den verschiedenen Interessengruppen zu schaffen, wird als Governance bezeichnet.

Die Entwicklung der Non-Profit-Governance begann parallel zur Governance-Debatte in der Wirtschaft. Neben theoretisch-wissenschaftlichen Analysen – insbesondere zur Funktion und Zusammensetzung von Vorständen – entstanden praxisnahe Codes zur Selbstregulierung von NPOs. Diese Codes bieten Grundsätze und Empfehlungen für die Führungsebene von NPOs und eignen sich damit als Orientierungshilfe für die Vorstandsarbeit.

Grundsätze der Non-Profit-Governance

Für Umsetzung von Non-Profit-Governance lassen sich einige Grundsätze festlegen, die handlungsleitend für Entscheidungen des Vorstands oder Stiftungsrats sind (Sprecher et al., 2021):

Machtausgleich: Ein ausgewogenes Machtverhältnis zwischen Organisationseinheiten wird durch klare Unterstellungsregelungen und Kontrollfunktionen gewährleistet. Die Organe einer NPO sollten die Mitgliederbasis widerspiegeln bzw. in der Lage sein, Informationen von verschiedenen Interessengruppen in die Entscheidungsfindung einzubeziehen.

Transparenz: Die Organisationsstrukturen müssen nachvollziehbar und nachhaltig sein. Dies wird durch schriftliche Festlegungen, wie Stellenbeschreibungen und Funktionsdiagramme, unterstützt.

Wirksamkeit: Governance dient der effektiven Umsetzung des Sachziels einer NPO. Dazu ist Fach- und Managementwissen im Vorstand/Stiftungsrat und in der Geschäftsleitung erforderlich.

Gesellschaftliche Verantwortung: NPOs verfolgen einen gemeinnützigen Zweck, jedoch geht ihre gesellschaftliche Verantwortung über diesen engen Wirkungsbereich hinaus. Themen wie Klimawandel, Migration, demographische Veränderungen usw. betreffen alle Organisationen.

8 Vertrauen ist gut, aber wer kontrolliert?

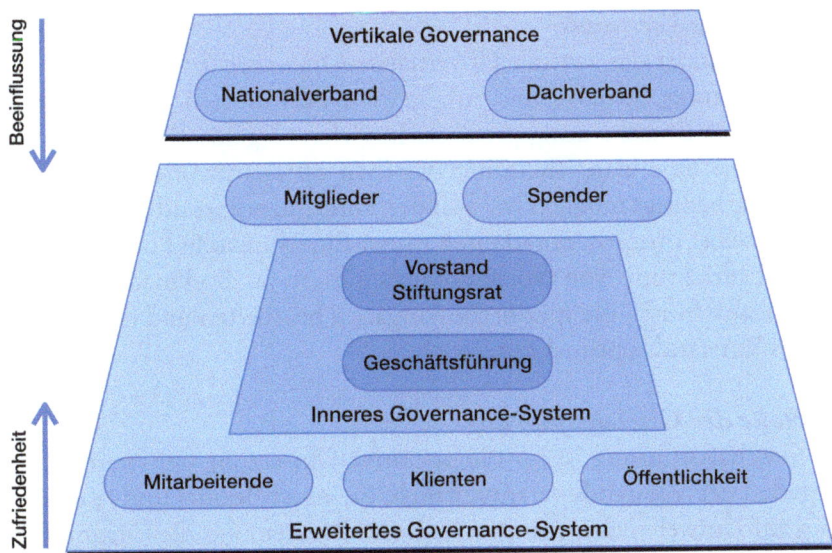

Abb. 8.1 Das Governance-System einer NPO. (Quelle: von Schnurbein, 2008)

Das Governance-System

Das Governance-System einer NPO setzt sich aus den verschiedenen Beteiligten und Interessengruppen zusammen. In Abb. 8.1 ist schematisch dargestellt, dass es ein inneres und äußeres Governance-System gibt, sowie «vertikale Governance» als Ergänzung in föderalistischen Strukturen (von Schnurbein, 2008).

Im Zentrum des Governance-Systems einer NPO stehen Vorstand/Stiftungsrat und die Geschäftsführung. Mit dem Verhältnis zwischen diesen beiden Organen steht und fällt der langfristige Erfolg der NPO. Im äußeren Bereich befinden sich Interessengruppen, die auf die eine oder andere Art mit der NPO verbunden sind, sei es als Ressourcenlieferant:innen oder als Leistungsempfänger:innen. Vertikale Governance bezeichnet den Einfluss von Dach- oder Nationalverbänden auf die Einzelorganisationen, z. B. durch Standards oder Finanztransfers. Die Rollen von Vorstand und Geschäftsführung wollen wir noch etwas genauer beschreiben.

Die Rolle des Vorstands

Der Vorstand ist das zentrale Governance-Organ einer NPO. Seine Zusammensetzung, Struktur und Arbeitsweise beeinflussen maßgeblich die strategischen Entscheidungsprozesse. In vielen Organisationen zeigt sich jedoch, dass eine klare Trennung zwischen operativer und strategischer Ebene nur bedingt möglich ist, weil der Vorstand aufgrund knapper Ressourcen selbst operativ mitarbeiten muss. Eine sinnvolle Lösung besteht in der Einrichtung von Vorstandsausschüssen (z. B. Finanzausschuss, Strategieausschuss), die spezifische Aufgaben bearbeiten und die Ressourcen des Vorstands optimal nutzen.

Die Rolle der Geschäftsführung

Die Geschäftsführung ist für die operative Umsetzung der strategischen Vorgaben des Vorstands verantwortlich. Sie muss flexibel und reaktionsfähig auf Umweltveränderungen reagieren können, um die Organisation effizient zu steuern. Gleichzeitig obliegt ihr die Verantwortung, eine enge Zusammenarbeit mit dem Vorstand zu pflegen und die Informationsflüsse zwischen den Gremien sicherzustellen.

Aufgrund der zunehmenden Professionalisierung der operativen Ebene besteht die Gefahr wachsender Informationsasymmetrien zwischen Vorstand und Geschäftsführung. Um dem entgegenzuwirken, sind klare Kommunikations- und Berichtspflichten erforderlich. Die Geschäftsführung sollte zudem als Impulsgeber für die strategische Weiterentwicklung der Organisation agieren, ohne dabei die Entscheidungsbefugnisse des Vorstands zu unterlaufen. Ein partnerschaftliches Modell der Führung zwischen Vorstand und Geschäftsführung kann dabei helfen, Verantwortlichkeiten klar zu definieren und die Effizienz der Organisation zu steigern.

Herausforderungen und Lösungsansätze

Governance ist eine Managementaufgabe, die man in guten Zeiten angehen muss, um in schwierigen Situationen gewappnet zu sein. Hier sind ein paar wesentliche Aspekte aufgeführt, für die sinnvolle Lösungen zu etablieren sind:

Umgang mit Interessenkonflikten

Ein Interessenkonflikt entsteht, wenn Vorstandsmitglieder aus einer Entscheidung persönliche Vorteile ziehen könnten. Beispiele hierfür sind die Wahl einer bevorzugten Hausbank oder private Vorteile aus Sponsoring-Aktivitäten. Klare Regelungen zu Offenlegung, Ausstand und zukünftiger Behandlung sind essenziell. Besteht ein Interessenkonflikt dauerhaft, sollte die betroffene Person ihre Funktion niederlegen.

Kompetenzen in den Leitungsorganen

Eine wirksame Governance setzt voraus, dass in den Gremien das notwendige Know-how vorhanden ist. Fehlen Finanzkenntnisse im Vorstand, können Entscheidungen nur oberflächlich getroffen werden. Durch Kompetenzprofile oder gezielte Weiterbildungen kann dieses Defizit behoben werden.

Transparente Entscheidungsfindung

Transparenz ist ein zentraler Faktor für die öffentliche Reputation einer NPO. In ehrenamtlich geführten Organisationen kann es durch seltene Sitzungen dazu kommen, dass Entscheidungen verzögert oder wiederholt diskutiert werden. Standardisierte und formalisierte Prozesse helfen, diese Probleme zu minimieren.

Sicherstellung eines leistungsfähigen Informationssystems

Informationsasymmetrien zwischen Geschäftsführung, Vorstand und Mitgliedern führen zu Machtgefällen. Ein effektives Informationssystem trägt zur Gleichverteilung von Wissen und zur Stärkung der Sachkompetenz bei.

Risikomanagement

Unabhängig von der Rechtsform und Größe sollte jede NPO ein institutionalisiertes Risikomanagement betreiben. Dies geschieht oft durch ein Internes Kontrollsystem (IKS), das Risiken systematisch identifiziert und minimiert.

Fazit

Non-Profit-Governance erfordert ein ausgewogenes Zusammenspiel verschiedener Akteure innerhalb und außerhalb der Organisation. Neben dem Vorstand oder Stiftungsrat spielen die Geschäftsführung, Mitglieder und externe Stakeholder eine entscheidende Rolle. Die Umsetzung der Governance-Grundsätze kann dazu beitragen, Strukturen zu professionalisieren, Transparenz zu erhöhen und die Effizienz von Entscheidungsprozessen zu steigern. Ein effektives Governance-System stärkt somit nicht nur die Organisation selbst, sondern auch ihre Glaubwürdigkeit und Reputation gegenüber der Öffentlichkeit.

Und falls Sie jetzt denken, dass es Unternehmen vielleicht doch einfacher haben: Heute müssen Unternehmen von der Governance in NPOs lernen, denn im Zuge der Nachhaltigkeitsdebatte ist der «Purpose» («Zweck») eines Unternehmens ins Zentrum gerückt und damit die Forderung, dass Unternehmen sich auch nach anderen Interessen als nur denen der Eigentümer ausrichten müssen.

Governance-Schnellcheck

Wenn Sie in einer Entscheidungssituation im Vorstand prüfen wollen, ob die Entscheidung auf Basis der Governance-Grundsätze gefällt wurde, beantworten Sie sich folgende vier Fragen:

- Dient die Entscheidung der wirksamen Umsetzung des Zwecks?
- Wurden die relevanten Stakeholder-Interessen berücksichtigt?
- Ist die Entscheidung transparent gefallen?
- Wurden gesellschaftliche Belange berücksichtigt?

Literatur

Sprecher, T., Egger, P., & von Schnurbein, G. (2021). *Swiss Foundation Code.* Stämpfli.

von Schnurbein, G. (2008). *Nonprofit Governance in Verbänden – Empirische Analyse am Beispiel von Schweizer Wirtschaftsverbänden.* Haupt Verlag.

Teil III

Handeln

9

Führung in der NPO-Welt

Die NPO-Welt teilt sich in zwei Gruppen: jene der Ermöglicher:innen, die Mittel zur Verfügung stellen, um eine soziale Innovation oder eine kulturelle Entwicklung voranzubringen, und jene der Umsetzer:innen, die direkt an diesen Entwicklungen arbeiten. Beide Bereiche der NPO-Welt erbringen zu einem großen Teil Dienstleistungen. Man kann die NPO-Welt deshalb als einen innovativen Dienstleistungsmarkt verstehen, der ständig neue Lösungen und Ideen in einem sich stetig verändernden gesellschaftlichen Umfeld entwickelt.

Mit Innovationen meinen wir hier nicht eine „Erfindung", die in der stillen Kammer entwickelt und zur Marktreife gebracht wird. Stattdessen geht es um Lösungsansätze, die meist gemeinsam mit den Betroffenen erarbeitet und umgesetzt werden.

Die Innovation ist dabei meist „nur" eine Weiterentwicklung von Arbeitsansätzen, die man schon anwendet. In einem Malprojekt für kognitiv beeinträchtigte Kinder wird beispielsweise ein Ansatz entwickelt, wie diese Kinder auch das Medium Film erfahren können. Oder ein Projekt für Bewegungsangebote für ältere Menschen schafft ein gezieltes Programm für Frauen aus Ländern, in denen es nicht akzeptiert wird, dass sie mit Männern gemeinsam Sport treiben. Oder eine Kindertagesstätte öffnet Ausbildungskurse zur Kinderbetreuung für Eltern. Zukunftsrelevante Innovationen entstehen vorwiegend auf der Basis des bestehenden Angebots.

Um als innovative Organisation erfolgreich zu sein, müssen Sie deshalb „das Ohr nah am Boden haben". Das Potential der Organisation liegt an ihrer Basis und ihre gesunde Entwicklung hängt davon ab, ob sie dieses Potential nutzbar macht.

Nutzbar machen des Wissens an der Basis
Weshalb sprechen wir hier von den Innovationen, wenn das Kapitel doch „Führung in der NPO-Welt" lautet? Wir sind überzeugt, dass die Art und Weise, wie Innovationen in NPOs entstehen, ganz wesentlich bestimmt, welches Führungsmodell im NPO-Umfeld Sinn macht. Wenn wir davon ausgehen, dass innovative Entwicklungen in NPOs an der Basis entstehen, dann benötigen wir Führungs- und Entscheidungsmodelle, in denen die Basis Entwicklungen initiieren und umsetzen kann, ohne dass eine wichtige Neuerung den langen Pfad durch die Hierarchiestufen und zurück gehen muss (Laloux, 2015).

Zwei konkurrierende Modelle
Es gibt eine Vielzahl von Management-Theorien, Führungsmodellen und Leadership-Konzepten. Im Hintergrund steht aber immer ein zugrundeliegendes Menschenbild, auf dem ein Führungsmodell basiert. In den 60er-Jahren des letzten Jahrhunderts wurden die beiden grundsätzlichen Pole der Führungslehre in der Theorie X und der Theorie Y (McGregor, 1960) zusammengefasst:

Theorie X ist die traditionelle, streng hierarchische Vorstellung von Management und Führung. Ein Chef bzw. eine oberste Geschäftsleitung bestimmt über alle Geschicke der Firma. Sie arbeitet eine Strategie aus und befiehlt dann jeden Schritt nach unten. Auf jeder niedrigeren Stufe wird diese Zielvorgabe differenziert, bis jede:r Mitarbeitende genau den Teil zum Gesamtteil beiträgt, der notwendig ist. Dieses Führungsmodell wird nach zwei wichtigen Vertretern dieser Haltung auch Ford/Taylor-Modell genannt.

In Organisationen, die der Theorie X folgen – und dies ist ein Großteil der Verwaltungs- und Wirtschaftswelt – hat nur die Geschäftsleitung den

Gesamtblick. Alle anderen brauchen die größeren Zusammenhänge nicht zu kennen, um ihre vorgegebenen Planziele zu erreichen. Kontrollinformationen fließen von unten nach oben, Anweisungen in die Gegenrichtung.

Diesem System liegt ein Menschenbild zugrunde, das davon ausgeht, dass Menschen arbeitsscheu sind und keine Verantwortung tragen möchten (Abb. 9.1).

Theorie Y hingegen definiert Führung als reine Dienstleistung, die koordiniert, gute Rahmenbedingungen schafft und einzelne Entwicklungen aufeinander abstimmt. Inhaltliche Entwicklung entsteht hier an der Basis, bei den Leuten, die direkt im Feld arbeiten und damit eine größere Chance haben, sich schnell und präzise an einen verändernden Markt anzupassen und neu auftauchende Problemstellungen schon früh zu erkennen. Alle als „neu" verkauften Ansätze wie agile, lean, Holacracy oder Soziokratie nutzen genau diese Grundidee.

Da hier der interne Wissens- und Informationstransfer zum entscheidenden Faktor wird, ist es eine zentrale Aufgabe der Führung, diesen

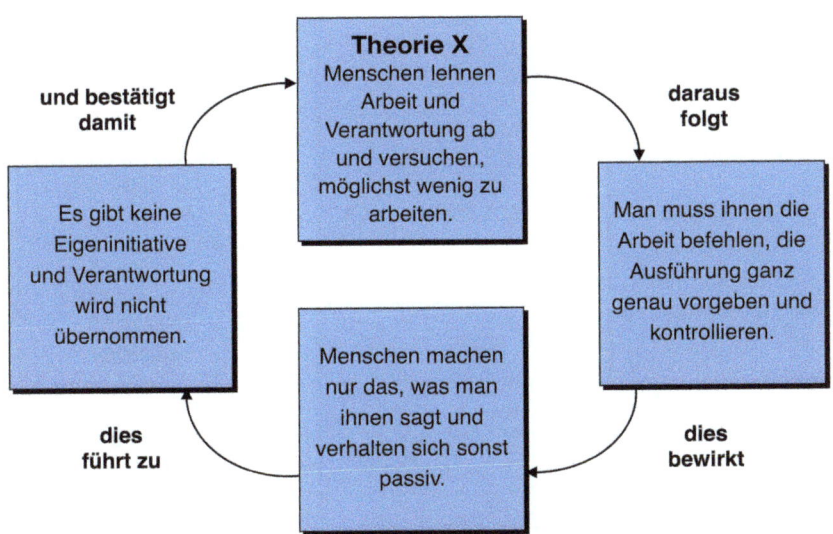

Abb. 9.1 Theorie X. (Eigene Darstellung, nach McGregor, „The Human Side of Enterprise", 1960)

Wissensfluss zu ermöglichen. Wenn jede:r Mitarbeitende möglichst viele Informationen zu Entwicklungen, eigenen Möglichkeiten und Ideen in anderen Teams hat, dann erhöht sich die Chance, dass gemeinsam eine möglichst optimale Lösung für ein neu auftauchendes Problem gefunden wird.

Auch die Vorstellung, dass eine Organisation „lernen" sollte aus dem, was sie probiert, ist eng an Theorie Y gebunden, auch zusammengefasst in der Kurzform „fail fast, fail forward", also etwa „probiere Ideen möglichst schnell aus, mach deine Fehler, lerne daraus und mache weiter".

Diesem Arbeitsmodell und Führungsverständnis liegt ein Menschenbild zugrunde, das annimmt, dass Menschen, wenn sie ihre Arbeit mitgestalten können, gerne und selbständig arbeiten und dabei auch Verantwortung übernehmen wollen (Abb. 9.2).

Der NPO-Sektor ist, wie gesagt, ein innovativer Dienstleistungsmarkt, der sehr viele Mitarbeitende gewinnt, die aus Überzeugung und mit hoher intrinsischer Motivation arbeiten. Auch sind die meisten NPOs grundsätzlich sehr schlank und mit wenig Hierarchiestufen gestaltet.

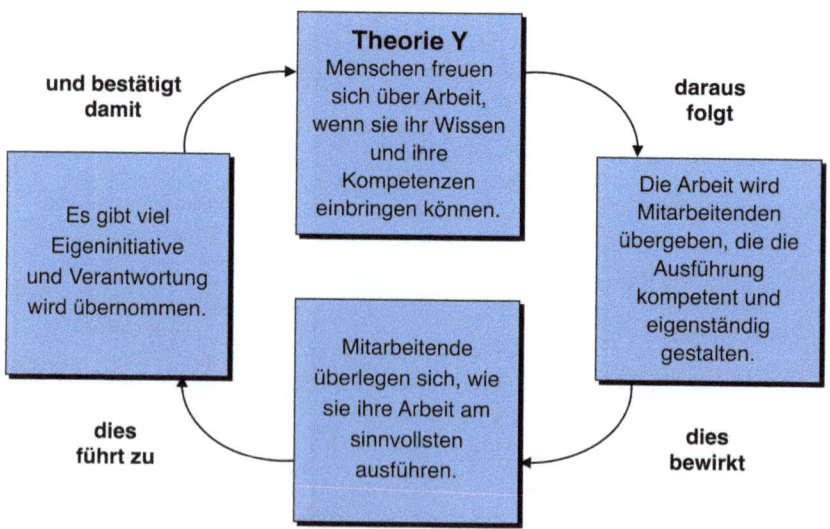

Abb. 9.2 Theorie Y. (Eigene Darstellung, nach McGregor, „The Human Side of Enterprise", 1960)

Daher passt eine partizipative, stark vernetzte und dezentral entscheidende Struktur „auf gleicher Augenhöhe" nach Theorie Y meist besser als die hierarchischen Modelle der Theorie X.

Diese gleiche Augenhöhe erstreckt sich im NPO-Bereich bis zu den Freiwilligen, die bedeutende Beiträge in der Arbeit von NPOs leisten. Gelingt es Ihnen nicht, hier einen wertschätzenden und das Wissen der Freiwilligen nutzenden Zugang zu finden, werden Sie bald die ganze Arbeit selbst machen müssen. Freiwilligenarbeit ist nie gratis, man zahlt mit Wertschätzung, Beteiligung und echtem Interesse.

Falls Sie Ihre beruflichen Erfahrungen bisher in einem Unternehmen oder einer Behörde mit hierarchischer Führung und Kontrolle gemacht haben, dann setzen Sie sich mit der Theorie Y auseinander und freuen Sie sich darauf, Lösungen im gemeinsamen Dialog zu finden. Werkzeuge wie Design Thinking, Kanban oder Scrum laden zum Ausprobieren ein.

> **Menschen und ihre Arbeit**
>
> Wissen Sie, was Untersuchungen in einer alte Glühbirnen-Fabrik der Western Electric Company in Cicero in den USA, die vor fast 100 Jahren stattgefunden haben, mit diesem Kapitel zur Führungsaufgabe in einer NPO zu tun haben? Haben Sie schon vom Hawthorne-Effekt gehört?
> Wenn nicht, machen Sie sich die Mühe, etwas nachzuforschen.

Literatur

Laloux, F. (2015). *Reinventing organizations – Ein Leitfaden zur Gestaltung sinnstiftender Formen der Zusammenarbeit.* Verlag Vahlen.

McGregor, D. (1960). *The human side of enterprise.* McGraw-Hill Book Co.

10

Das Jahr im Überblick

„Im Märzen der Bauer…" lautet ein altes Kinderlied. In der Landwirtschaft gibt es eine feste Abfolge der Aufgaben, die über das Jahr verteilt zu erledigen sind. Nach der Saat im Frühjahr und der Feldpflege kommt im Sommer und Herbst die Ernte, bevor im Winter die Felder wieder neu bestellt werden müssen. Natürlich ist das echte Leben der Landwirte nicht so einfach und schnell erklärt, aber die grobe Abfolge hilft bei der Planung des Aufwands und der benötigten Ressourcen.

Genauso kann eine NPO profitieren, wenn in der Führungsetage vorausschauend die eigenen Aufgaben geplant werden. Denn wie bei der Landwirtschaft gibt es auch im Organisationsleben einer NPO eine fixe Abfolge von Aufgaben und Entscheidungen, die lang im Voraus bekannt sind. Eine kontinuierliche und konstante Planung erleichtert allen Beteiligten die Arbeit und verhindert so, dass unnötig Entscheidungs- oder Termindruck entsteht. Im Folgenden lernen Sie zunächst den typischen Jahreskalender einer NPO kennen und anschließend stellen wir mit dem Funktionendiagramm ein hilfreiches Werkzeug vor, mit dem Doppelspurigkeiten in den Prozessen verhindert werden können.

Den Jahreskalender planen

Sie kennen die Situation sicherlich auch: Am Ende einer Sitzung soll noch schnell der Termin für die nächste Sitzung festgelegt werden. Alle holen die Agenda oder das Handy vor oder rufen den Kalender im Computer auf. Ein Datum nach dem anderen wird vorgelesen und immer hat irgendjemand bereits einen Termin oder eine andere Einschränkung zu machen. Nach einiger Zeit schließlich – und nachdem noch schnell ein nicht ganz so wichtiges Meeting verschoben wurde – tippen alle erleichtert den neuen Termin ein. Solche Situationen dienen kaum dazu, dass die Sitzung mit Elan und Vorfreude aufs nächste Mal geschlossen werden. Aber sie lassen sich leicht vermeiden, indem die Termine für das gesamte Jahr im Voraus festgelegt werden und dabei möglichst immer zum gleichen Zeitpunkt (z. B. mittwochs 17 Uhr). Dadurch erhalten alle Beteiligten mehr Planungssicherheit und – wenn Sie Glück haben – ist der Termin so fest verankert, dass es automatisch nur selten zu Absenzen kommt, weil niemand dann etwas anderes plant. In der Geschäftsführung sind regelmäßige Sitzungen selbstverständlich. Genauso sollte Zeit für die Vorbereitung der Vorstandssitzungen eingeplant und der entsprechende Vorlauf berücksichtigt werden, damit alle Unterlagen rechtzeitig verfügbar sind. In einem Vorstand oder Stiftungsrat sollten Sie je nach Komplexität und Aufwand zwischen drei und sechs ordentliche Sitzungen übers Jahr verteilt planen (Abb. 10.1).

Jahresanfang (Januar – März)

Der Beginn des Jahres ist für den Vorstand meist eine ruhige Phase, die genutzt werden kann, um den weiteren Jahresverlauf zu planen. So können beispielsweise Teilnahmen an wiederkehrenden Veranstaltungen, die über das Jahr verteilt stattfinden, terminiert werden. Wenn der Vorstand in diese Planung eingebunden wird, kann er die Geschäftsführung in dieser Aufgabe entlasten und Repräsentationsfunktionen wahrnehmen.

Auf operativer Ebene steht das erste Quartal voll im Fokus von Jahresrechnung und Jahresbericht. Viel Aufwand bedeutet die Erstellung des Jahresabschlusses. Diese Dokumente sind nicht nur für das interne Controlling wichtig, sondern auch notwendig für die Revision und die

10 Das Jahr im Überblick

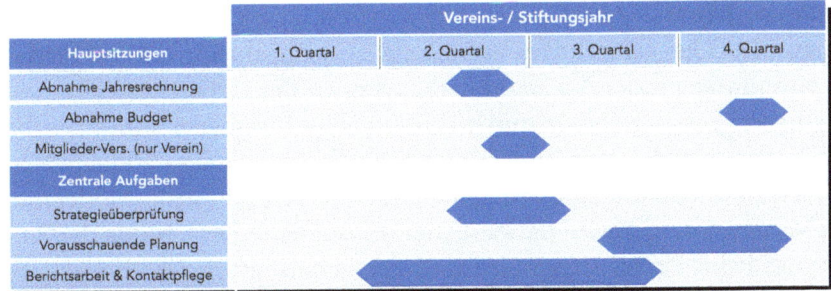

Abb. 10.1 Das Jahr in der Übersicht. (Eigene Darstellung)

Einreichung bei den Behörden, Steuerverwaltungen oder Stiftungsaufsichten. Es empfiehlt sich, frühzeitig alle Belege und Unterlagen zu sichten und gegebenenfalls eine Steuerberatung hinzuzuziehen.

In Vereinen wirft die Mitgliederversammlung (MV) ihre Schatten voraus. Ein geeigneter Termin muss bereits festgelegt sein und in Einklang mit den satzungsgemäßen Fristen gebracht werden. Die Einladungen sollten rechtzeitig vorbereitet und verschickt werden. Weiterhin finden die Arbeiten am Jahresbericht statt, der zusammen mit der Jahresrechnung an Mitglieder, Spender:innen und weitere Interessierte versandt wird. Auch wenn die Verantwortung dafür bei der Geschäftsführung liegt, kann der Vorstand Ideen einbringen oder über inhaltliche Schwerpunkte mitentscheiden. Ein Jahresbericht sollte einen umfassenden Einblick in die Arbeit des vergangenen Jahres geben und Vertrauen bei den Mitgliedern und Spender:innen schaffen.

Nicht zu vergessen sind Förderanträge, die häufig bereits im ersten Quartal eine Abgabefrist haben. Hier lohnt es sich, eine Übersicht mit allen relevanten Fristen zu führen und neue Anträge zeitnah zu stellen.

> **Tipp**
>
> Eine Fördermitteldatenbank oder eine eigene tabellarische Übersicht kann helfen, nichts aus den Augen zu verlieren.

Frühjahr (April – Juni)

Im zweiten Quartal steht bei Vereinen die Durchführung der Mitgliederversammlung auf der Agenda. Hierbei werden die vorbereiteten Rechenschaftsberichte präsentiert und diskutiert. Die Mitglieder stimmen über die Entlastung des Vorstands ab und – falls notwendig – finden Neuwahlen oder Satzungsänderungen statt. Eine professionelle Moderation der Versammlung sowie eine klare und transparente Darstellung der Zahlen und Fakten tragen zum Gelingen der Veranstaltung bei. Ein interessantes Begleitprogramm erhöht die Teilnahmebereitschaft der Mitglieder. In Stiftungen müssen die Jahresrechnung und der Jahresbericht bei der Stiftungsaufsicht eingereicht werden.

Begleitend zur Mitgliederversammlung sollte auch die externe Kommunikation nicht zu kurz kommen. Der Jahresbericht wird veröffentlicht – sei es in gedruckter Form oder digital auf der Website. Auch begleitende Pressearbeit kann sinnvoll sein, insbesondere bei größeren Vereinen oder öffentlichkeitswirksamen Themen.

> **Tipp**
>
> Interviews mit Vorständen, Erfolgsgeschichten aus Projekten oder Mitgliedertestimonials können Inhalte lebendig machen. Hier spielt auch gutes Bildmaterial eine zentrale Rolle. Sparen Sie nicht beim Aufwand für gute Bilder, sie sind in der Kommunikation Gold wert.

Ein weiteres zentrales Thema im Frühjahr ist der Start wichtiger Projekte, die in der Jahresplanung definiert wurden. Jetzt ist die Zeit, operativ aktiv zu werden, Projektteams zu formieren und mit der Umsetzung zu beginnen. Regelmäßige Projektmeetings und ein transparenter Zeitplan helfen, den Überblick zu behalten. Vorstandmitglieder können in Steuerungsgruppen eingebunden werden, um direkt vom Fortgang wichtiger Projekte informiert zu bleiben.

Für das strategische Gremium ist das zweite Quartal die optimale Zeit, um über größere Veränderungen nachzudenken, da diese dann im folgenden Quartal gut in die Planung des kommenden Jahres einfließen können. Stiftungsrats- oder Vorstands-Retraiten liegen hier also am richtigen Ort.

Sommer (Juli – September)
Der Sommer bietet sich an, eine Halbjahresbilanz zu ziehen. Sind wir auf Kurs, sind die gesetzten Jahresziel erreichbar? Stimmen die Ausgaben mit dem Budgetplan überein? Gibt es bei laufenden Projekten Anpassungsbedarf? Diese Fragen helfen dabei, das zweite Halbjahr realistisch zu planen. Gleichzeitig können Lernerfahrungen gesammelt und Prozesse optimiert werden – und in problematischen Situationen auch schmerzliche, aber notwendige Maßnahmen ergriffen werden, um das Jahr finanziell noch zu «retten».

Bei dieser Halbjahresbilanz geht es nicht nur um das laufende Jahr, sondern der Blick geht langsam nach vorn, in die Planung des kommenden Jahres. Die Auswertungen, Analysen und Erfahrungen sollen für die Planung des Folgejahres genutzt werden können. Dies hat auch zur Konsequenz, dass die Wirkungsevaluation von Projekten eher eine Sommer-Sommer-Logik hat, da eine Auswertung des Kalenderjahres, die im Februar bereit ist, schlicht zu spät kommt für Anpassungen in der Jahresplanung.

Auch sollten in der «ruhigen» Sommerzeit die Förderanträge für Projekte im kommenden Jahr formuliert werden. Viele Stiftungen und öffentliche Institutionen haben Vorlaufzeiten von mehreren Monaten. Gleichzeitig kann bereits mit der Planung von Spendenkampagnen für Herbst und Winter begonnen werden. Eine durchdachte Strategie, die verschiedene Kanäle kombiniert (z. B. E-Mail, Social Media, klassische Briefe), erhöht die Erfolgschancen erheblich.

Ein oft unterschätzter, aber wichtiger Bereich ist die Netzwerkpflege. Das 3. Quartal eignet sich hervorragend zur Teilnahme an Konferenzen, Fachveranstaltungen und Netzwerktreffen. Solche Gelegenheiten bieten nicht nur Impulse von außen, sondern ermöglichen auch Kooperationen, Partnerschaften und neue Unterstützer:innen zu gewinnen.

Nach dem Sommer beginnt bereits die Jahresplanung und Budgetierung für das kommende Jahr. Zunächst sollte das vorhandene Budget überprüft und gegebenenfalls an aktuelle Entwicklungen angepasst werden. Dabei ist es hilfreich, gemeinsam mit dem Vorstand und ggf.

Projektleitungen eine realistische Einschätzung der zu erwartenden Einnahmen und Ausgaben vorzunehmen. Parallel dazu werden Jahresziele und strategische Schwerpunkte des kommenden Jahres festgelegt. Diese dienen als Leitlinie für die spätere Projektarbeit und helfen dabei, den Fokus nicht zu verlieren.

Herbst (Oktober – Dezember)
Am Anfang dieses Quartals läuft der Planungs- und Budgetprozess für das kommende Jahr auf Hochtouren, da die inhaltliche und finanzielle Planung optimalerweise im Oktober oder November im strategischen Gremium diskutiert und abgesegnet werden. In Abstimmung mit den zuständigen Gremien werden ein Projekt-Vorgehensplan und ein Finanzplan entworfen, die die strategischen Ziele des nächsten Jahres abbilden. Hierbei ist es wichtig, sowohl fixe Kosten als auch geplante Projektbudgets realistisch zu kalkulieren und eventuelle Unsicherheiten (z. B. ausstehende Förderzusagen) transparent zu machen.

Parallel dazu startet die Jahresendkommunikation. Spendenaufrufe und Fundraising-Kampagnen gehören fest in das vierte Quartal – nicht zuletzt, weil viele Menschen in der Weihnachtszeit besonders spendenfreudig sind. Auch Weihnachtsgrüße an Mitglieder, Partner:innen und Spender:innen sind ein schönes Zeichen der Wertschätzung und können die emotionale Bindung zur Organisation stärken.

Der Jahresausklang ist zudem der ideale Zeitpunkt für Rückblick und Evaluation. Ein Jahresrückblick – intern oder öffentlich – zeigt nicht nur, was erreicht wurde, sondern würdigt auch das Engagement aller Beteiligten. Die Evaluation von Projekten liefert wichtige Erkenntnisse für künftige Vorhaben und sollte systematisch dokumentiert werden. Außerdem sollten die Sitzungstermine für das kommende Jahr festgelegt werden!

Wer macht was?
Eine verbesserte Kontinuität der Sitzungs- und Aufgabenplanung im Jahresverlauf sorgt für weniger Stress in der Führung einer NPO. Neben dem zeitlichen Ablauf spielt aber auch die Frage der Zuständigkeiten eine wichtige Rolle.

Ein Funktionendiagramm ist ein zentrales Instrument zur Darstellung der organisatorischen Strukturen und Entscheidungswege in Non-

Profit-Organisationen (NPOs) wie Vereinen und Stiftungen. Es visualisiert, welche Funktionen und Aufgaben welchen Gremien oder Personen zugeordnet sind, und legt offen, wie Verantwortlichkeiten, Kompetenzen und Kontrollmechanismen verteilt sind (Schreyögg & Geiger 2024). Typischerweise werden darin die Kompetenzen der folgenden Gremien abgebildet: Strategisches Leitorgan (z. B. Vorstand, Stiftungsrat), Operative Führung (z. B. Geschäftsführung) und Kontroll- und Aufsichtsgremien (z. B. Kuratorium, Revisionsstelle). Das Funktionendiagramm dient nicht nur der internen Klarheit, sondern auch der externen Nachvollziehbarkeit von Prozessen und Entscheidungen. Es ist ein wesentliches Element der Governance moderner NPOs, um Transparenz und einen effektiven Machtausgleich sicherzustellen (Abb. 10.2).

Beispiel: Für die Genehmigung eines neuen Förderprojekts könnte das Funktionendiagramm festhalten, dass:

- die Geschäftsleitung das Projekt vorbereitet (verantwortlich),
- der Vorstand den Entscheid fällt (entscheidungsbefugt),
- das Fachgremium konsultiert wird (beratend),
- und das Controlling informiert werden muss (informativ).

Mit der Entwicklung und der Nutzung eines Funktionendiagramms können auch zentrale Governance-Prinzipien – wie sie etwa der Swiss

Funktion / Aufgabe	Mitgliederversammlung	Vorstand	Geschäftsführung	:	Mitarbeitende	Bemerkungen
Jahresrechnung	E	A	D		I	
Jahresbericht	I	E	A		D	
Budget	I	E	A			
…						
Fundraisingkampagne		I	E		D	

Legende: E= Entscheid; I= Informieren; A= Antrag stellen; D= Durchführen (weitere Aktionen möglich)

Abb. 10.2 Funktionendiagramm am Beispiel „Verein". (Eigene Darstellung)

Foundation Code empfiehlt – umgesetzt werden (Sprecher et al., 2021). Gerade Unsicherheiten und Unklarheiten bezüglich Transparenz und Machtausgleich lassen sich damit reduzieren:

Transparenz: Nachvollziehbarkeit der Prozesse und Entscheidungen

Transparenz bedeutet, dass die Strukturen, Entscheidungswege und Verantwortlichkeiten einer NPO für interne und externe Anspruchsgruppen klar erkennbar und nachvollziehbar sind. Ein Funktionendiagramm macht die Verteilung von Aufgaben und Kompetenzen **klar sichtbar.** Es dokumentiert, **welche Gremien und Personen welche Rollen** in einem Entscheidungsprozess einnehmen. Das erhöht die Nachvollziehbarkeit für interne wie externe Anspruchsgruppen und stärkt so das Vertrauen in die Organisation. Dies ist nicht nur ein Gebot der Rechenschaft gegenüber Mitgliedern, Spender:innen und der Öffentlichkeit, sondern stärkt auch das Vertrauen in die Organisation.

Machtausgleich: Verhinderung von Machtkonzentration

Der Swiss Foundation Code betont die Notwendigkeit von Checks and Balances, um zu verhindern, dass zu viel Entscheidungsmacht bei einer einzelnen Person oder einem Gremium liegt. Das Funktionendiagramm zeigt, wie Kontrollmechanismen, wie etwa die Trennung von strategischer und operativer Führung oder die Einbindung von Aufsichtsgremien, in der Organisation verankert sind. Durch diese klare Rollen- und Aufgabenverteilung wird sichergestellt, dass Macht nicht unkontrolliert ausgeübt werden kann und Interessenkonflikte minimiert werden.

Mehrheits- oder Widerspruchsabfrage

Die Zuordnung von Entscheidungsmacht in einem Funktionendiagramm wirft auch die Frage nach dem Entscheidungsmodell auf. Einige NPOs, mit denen wir zusammenarbeiten, haben von Mehrheits- auf Konsententscheid als Standard-Entscheidungsform gewechselt. Dies birgt die Chance, in dringenden Fragen handlungsfähiger zu werden und auch das Verhältnis zwischen operativer und strategischer Ebene bei Vorstands- und Stiftungsratsentscheiden verändert sich.

Wenn Sie die Form „Konsententscheid" nicht kennen, geben Sie das Stichwort einmal bei YouTube ein. Wäre dies auch für Ihre Organisation eine wertvolle Erweiterung ihrer Entscheidungsmodelle?

Literatur

Schreyögg, G., & Geiger, D. (2024). *Organisation – Grundlagen moderner Organisationsgestaltung. Mit Fallstudien*, (7. Aufl.). Springer.

Sprecher, T., Egger, P., & von Schnurbein, G. (2021). *Swiss Foundation Code*. Stämpfli.

11

NPOs und das Geld

Wann hat sich der Vorstand Ihrer NPO das letzte Mal mit den Finanzen auseinandergesetzt? Und zwar grundsätzlich? Damit ist nicht die Frage nach der aktuellen Situation oder der letzten Fundraising-Aktion gemeint, sondern eine Auseinandersetzung mit der langfristigen Entwicklung der Finanzen. Für eine gute Führung Ihrer NPO ist es wichtig zu verstehen, welche Finanzierungsquellen besonders wichtig sind und wie sich diese Finanzierungsquellen in den letzten Jahren entwickelt haben. Sie sollten sich dabei kritischen Fragen genauso wenig verschließen, wie der Entdeckung von neuen Optionen. Denn NPOs können sich über viele verschiedene Finanzierungsquellen finanzieren, von Staatsbeiträgen und Leistungsverträgen über Spenden, Legate und Sponsoring bis hin zu Mitgliederbeiträgen, Finanzerträgen oder Erträgen aus Dienstleistungen. Gleiches gilt auch für die Ausgaben Ihre NPO. Was sind die Kostentreiber und haben Sie diese im Griff? Falls Ihre NPO mehrere Bereiche oder Standorte hat, wo werden Ressourcen besonders stark gebraucht und wo könnten auch Einsparungen gemacht werden? Mit Hilfe eines Analyserasters wie in Abb. 11.1 können Sie sich einen Überblick über den Finanzierungsmix Ihrer NPO verschaffen.

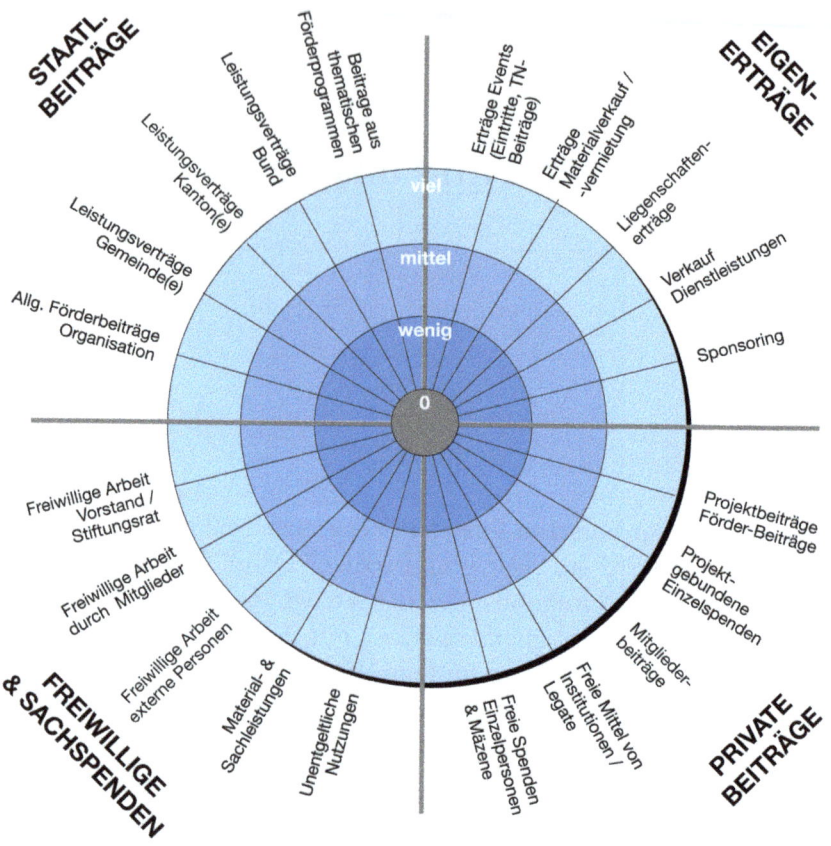

Abb. 11.1 Finanzierungsmix-Analyse-Raster. (Quelle: Schmuki, Vorlesung Mittelakquise, 2019)

Grundlagen des Finanzmanagements in NPOs

Das Finanzmanagement einer NPO unterscheidet sich, wie in Abb. 11.2 dargestellt, in Finanzierungsbedarf, Bedarfsdeckung, Finanzallokation und Kontrolle (von Schnurbein, 2023). Beim Finanzierungsbedarf werden in Abhängigkeit vom Organisationszweck die zentralen Vorgaben und Ziele der Finanzpolitik festgelegt. Die Finanzanalyse dient der Entwicklung von Finanzierungszielen und der entsprechenden Strategie, die

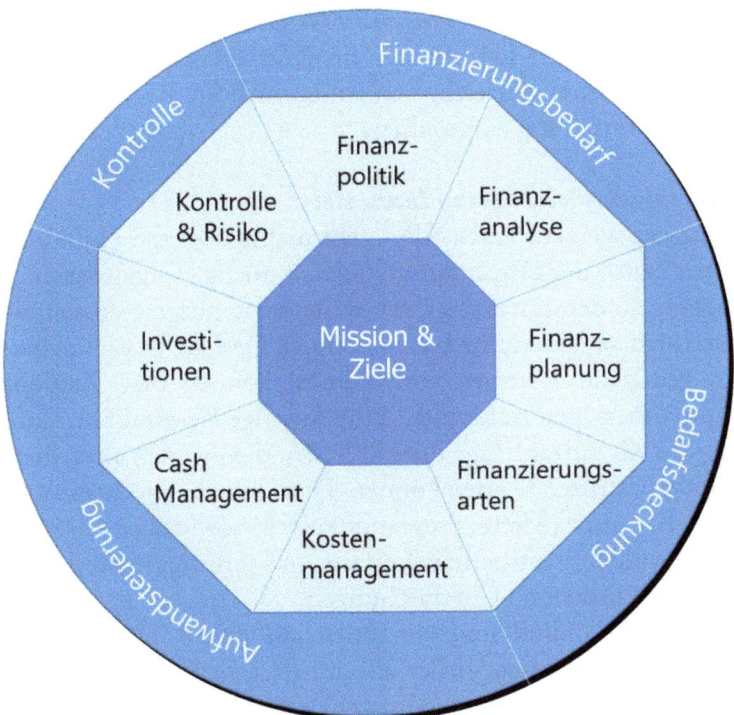

Abb. 11.2 Finanzmanagement im Überblick. (Quelle: von Schnurbein, 2023, S. 4)

im Rahmen der Finanzplanung in konkrete Umsetzungsschritte übertragen wird. Die Bedarfsdeckung umfasst alle Aspekte der Mittelbeschaffung, d. h. die Finanzplanung und den Finanzierungsmix, der sich bei jeder NPO anders zusammensetzt. Mit Aufwandsteuerung ist der Mitteleinsatz in den Leistungen gemeint, d. h. welche Kosten fallen an und für was. Dagegen sind Investitionen nach vorne gerichtet und ermöglichen eine bessere Zweckerfüllung in der Zukunft. Schließlich folgt die Kontrolle. Zusammen mit dem Risikomanagement liefert sie die Grundlagen, damit Gelder nicht falsch eingesetzt werden und aus der Vergangenheit für einen effizienteren Mitteleinsatz in der Zukunft gelernt werden kann.

Wichtige Grundsätze zu Finanzen in NPOs

Selbst wenn Sie bereits Erfahrungen im Finanzmanagement von Unternehmen haben, ist es hilfreich, sich einige wichtige Regeln zu Finanzen in NPOs in Erinnerung zu behalten.

Liquidität ist das wichtigste Finanzziel

Im Finanzmanagement einer NPO geht nichts über die Liquidität. Das liegt in der Natur der Organisation. Gemeinnützige Organisationen sind vom Zugang zu den Finanzmärkten weitgehend ausgeschlossen, weil sie den Investoren keine Rendite bieten können. Deshalb ist es für eine NPO wichtig, genügend Reserven vorhalten zu können bzw. Zahlungseingänge gut vorhersagen zu können. Eine wichtige Kennzahl im Cash Management ist die Anzahl Tage oder Wochen, die mit den aktuellen liquiden Mitteln bestritten werden können. Dazu müssen die zu erwartenden Kosten (z. B. Löhne, Miete, Programmkosten) sowie die zu erwartenden Erträge (Spenden, Staatsbeiträge) erfasst und terminiert werden. Damit verhindern Sie unschöne Überraschungen.

Neben der Liquidität sind die Wirtschaftlichkeit, also der effiziente Mitteleinsatz, und die finanzielle Gesundheit, also die nachhaltige Finanzierung der NPO, zwei weitere Finanzziele.

Finanzierung kommt vor der Leistungserstellung

In einem Unternehmen können Sie Ihre Leistungen erbringen und damit rechnen, durch den Verkauf der Ware einen Ertrag zu generieren, mit dem dann die entstandenen Kosten gedeckt werden. In einer NPO werden Sie mit diesem Vorgehen scheitern, weil in den meisten Fällen die Leistungserstellung einer NPO einen finanziellen Verlust erzeugt. Umweltschutz, soziale Hilfe, Kulturförderung – all das sind Aufgaben, die sich kaum durch Preise finanzieren lassen. Stattdessen müssen Sie vorab durch Anträge oder Fundraising die notwendigen finanziellen Mittel bei Privatpersonen, Stiftungen oder staatlichen Behörden einwerben. Erst wenn der Großteil der Mittel eingeholt ist, werden Sie Ihre Aktivitäten starten können. Das kostet Zeit und erfordert eine entsprechend vorausschauende Planung. Rechnen Sie mit 6-9 Monaten Vorlaufzeit für die Finanzierung. Eine Möglichkeit, um die Finanzierungsphase abzukürzen, sind Defizitgarantien. Wenn Ihnen eine Stiftung eine Defizitgarantie für beispielsweise 10% des geplanten Budgets zusagt, können Sie Ihr Projekt starten. Am Ende brauchen Sie das Geld vielleicht gar nicht, weil während der Projektphase Einsparungen vorgenommen werden konnten.

Jede Finanzierungsquelle folgt eigenen Spielregeln
Wie bereits erwähnt, können sich NPOs über viele verschiedene Finanzierungsquellen finanzieren. Bei aller Variation gilt es aber zu beachten, dass jede dieser Finanzierungsquellen ihre eigenen Regeln kennt (Rammerstorfer & Weinmayer, 2022). Der Antrag für einen staatlichen Leistungsvertrag ist etwas anderes als der Antrag für einen Stiftungsbeitrag. Während der erste meist sehr umfangreich und nach strengen formalen Vorschriften gestaltet ist, wird der zweite eher kurz ausfallen und muss die Zweckerfüllung der Stiftung abdecken. Im Fundraising wird grob zwischen Beziehungs- und Massenmarkt unterschieden. Im Beziehungsmarkt sind die einzelnen Beiträge sehr hoch, aber selten, während der Massenmarkt mit Instrumenten wie Direct Mailing, Telefonmarketing oder Straßenaktionen viele kleine Beiträge sammelt. Eigene Erträge unterliegen den Marktregeln und können deshalb sehr volatil sein, während hingegen Mitgliederbeiträge sehr konstant geplant werden können. Im Finanzmanagement einer NPO müssen Sie die richtige Auswahl an Finanzierungsquellen treffen und aufpassen, dass Sie sich nicht verzetteln. Denn jede Finanzierungsquelle erfordert ein anderes Wissen und gleichzeitig stehen Sie immer in Konkurrenz mit anderen Organisationen, die vielleicht besser auf die spezifische Finanzierungsquelle ausgerichtet sind.

Diversifikation ist sicher, Konzentration ermöglicht Wachstum
Für einen erfolgreichen Finanzierungsmix ist es eine wichtige strategische Frage, wie viele verschiedene Finanzierungsquellen Sie einbinden wollen. Dabei gilt als Grundsatz, dass eine stärkere Diversifikation für mehr Stabilität in der Finanzplanung sorgt. Es ist leicht nachzuvollziehen, dass bei mehreren Finanzierungsquellen ein Rückgang in der einen mit einem Zuwachs bei einer anderen leichter wettzumachen ist. Gleichzeitig haben neuere Studien aber gezeigt, dass eine Konzentration auf einige wenige Finanzierungsquellen für mehr finanzielles Wachstum sorgt (von Schnur-

bein & Fritz, 2017). Dies wird mit der höheren Kompetenz der Organisation in den wenigen Finanzierungsquellen erklärt. Ihre strategische Herausforderung heißt also: Setzen wir auf Stabilität oder Wachstum?

Noch ein Tipp zum Schluss: Wenn Sie sich stärker diversifizieren wollen, sollten Sie möglichst innerhalb einer Finanzkategorie bleiben. Wenn Sie beispielsweise schon viele staatliche Beiträge erwirtschaften, sollten Sie nach weiteren Finanzierungsquellen beim Staat suchen. Der Grund liegt in den vermutlich ähnlichen Spielregeln, die Sie schon kennen und so leichter einsteigen können (von Schnurbein 2017).

Overhead ist keine Kennzahl

Das mag Sie vielleicht jetzt etwas verwundern, aber Overhead, also der Anteil der Verwaltungs- und Fundraisingkosten, sollte keine relevante Kennzahl im NPO-Finanzmanagement sein. Warum? Weil die Zahl nichts über die Leistungsfähigkeit Ihrer NPO oder über die bisherige – und schon gar nicht die zukünftige – Entwicklung Ihrer NPO aussagt. Natürlich sollen NPOs kein Geld für Verwaltung oder Ähnliches verschwenden, das widerspricht dem Finanzziel der Wirtschaftlichkeit! Aber die Höhe der Kosten für Verwaltung und Fundraising hängt von vielen Faktoren ab, wie etwa dem Organisationszweck, der Art der Zweckerfüllung, der Bekanntheit der Organisationen, dem Tätigkeitsradius, der Rechtsform u. v. m. Die Mehrzahl der Faktoren können Sie gar nicht selbst beeinflussen, weshalb Ihnen diese Kennzahl auch wenig hilft, um die Finanzen Ihrer NPO zu managen. Am Ende verführt Sie diese Kennzahl zu Kürzungen und Einsparungen an den falschen Stellen, insbesondere bei für die Zukunft notwendigen Investitionen, deren Kosten heute anfallen (Overhead!), deren Nutzen sich aber erst in der Zukunft einstellen wird (Schubert & Boenigk, 2019). Diesem Teufelskreis entkommen Sie am besten, wenn Sie eine positive Perspektive einnehmen und über den Organisationszweck die entsprechenden Finanzierungsziele definieren, daraus die passenden Finanzierungsquellen und -instrumente ableiten und dann ein solides Kostenmanagement einführen. So wird Finanzmanagement keine Sparübung, sondern eine strategische Funktion zur Zweckerfüllung.

> **Wie mixen Sie?**
> Verschaffen Sie sich einen Überblick über den Finanzierungsmix Ihrer NPO und vergleichen Sie diesen mit jenen anderer NPOs. Fallen Ihnen Unterschiede auf? Sehen Sie Potenziale für Ihre NPO?
> Überlegen Sie sich, wo Ihre NPO in 5 Jahren stehen soll? Was für Finanzmittel sind dafür notwendig? Ist Ihre Finanzstrategie darauf ausgerichtet oder müssen Sie Anpassungen vornehmen?
> Diskutieren Sie mit dem Vorstand (und der Geschäftsführung) die Zukunftspläne. Finden Sie eine gemeinsame Position, die alle unterstützen und gemeinsam erreichen wollen.

Literatur

Rammerstorfer, M., & Weinmayer, K. (2022). Finanzierung von NPOs und Impact Investments. In M. Meyer, R. Simsa, & C. Badelt (Hrsg.), *Handbuch der Nonprofit-Organisation* (6. Aufl., S. 309–331). Schäffer-Poeschel.

von Schnurbein, G. (2023). Finanzmanagement in Non-Profit-Organisationen. SpringerGabler. https://link.springer.com/book/10.1007/978-3-658-41806-9

von Schnurbein, G. (2017). Nonprofit financial growth and path dependency. CEPS Working Paper Series, No. 12, Basel: CEPS.

von Schnurbein, G., & Fritz, T. M. (2017). Benefits and drivers of nonprofit revenue concentration. *Nonprofit and Voluntary Sector Quarterly, 46*(5), 922–943. https://doi.org/10.1177/0899764017713876

Schubert, P., & Boenigk, S. (2019). The nonprofit starvation cycle: Empirical evidence from a German context. *Nonprofit and Voluntary Sector Quarterly, 48*(3), 467–491. https://doi.org/10.1177/0899764018824669.

12

Die genau richtige Kommunikation

„Tue Gutes und sprich darüber!" Dieser Satz wurde in den letzten Jahren zu einem wahren Renner unter den Rezepten für die NPO-Kommunikation. Doch musste man schnell feststellen, dass die Anweisung ganz unterschiedlich interpretiert werden kann.

Wenn man sich also Gedanken zur Kommunikation im NPO-Bereich macht, dann lohnt es sich, sich nicht an einen oberflächlichen Tipp zu halten, sondern sich noch einmal mit den Charakteristiken des Non-Profit-Sektors zu beschäftigen (von Schnurbein 2016). Es sind diese Voraussetzungen, die dazu führen, dass NPOs eine sehr differenzierte und vorsichtige Kommunikation aufbauen müssen – also alles andere als „Mach etwas und erzähle dann allen, dass du es gewesen bist!".

Gemeinsamer Einsatz für eine andere Gesellschaft
In der Non-Profit-Welt versuchen Organisationen und Privatpersonen, gesellschaftliche Problemstellungen zu lösen, für die der Staat keine Mittel und an denen die Wirtschaft kein Interesse hat, weil sie keinen finanziellen Gewinn abwerfen. Oder sie ermöglichen wissenschaftliche und kulturelle Arbeit, die der Gesellschaft neue Erfahrungen und Perspektiven ermöglicht, die ebenfalls nicht Aufgabe des Staates sind oder Finanz-

gewinne abwerfen. Die Menschen, die sich hier engagieren, arbeiten für keinen oder einen kleineren Lohn als in der Wirtschaft, setzen sich oft einer unsicheren Zukunft aus und engagieren sich neben ihrer Hauptarbeit noch vielfältig in anderen sozialen, ökologischen oder kulturellen Projekten.

Kommunikation mit dem Ziel, die eigene Organisation oder das eigene Projekt als besser als jenes der anderen darzustellen, ist hier Unsinn. Kommunikation in der NPO-Welt hat ganz andere Aufgaben:

Ziel 1 – Sensibilisierung

Um eine Problemstellung endgültig zu lösen, genügt es nicht, in einem begrenzten Umfeld eine Verbesserung zu erreichen. Schließlich geht es immer darum, eine gesamtgesellschaftlich akzeptierte und getragene Lösung zu finden. Zum Beispiel werden wir, um die Vereinsamung von Bewohnern in Altersheimen zu verhindern, Programme und Angebote aufbauen, in denen sich Menschen begegnen können. Aber im Hintergrund steht die große Frage, ob Altersheime eine sinnvolle gesellschaftliche Lösung sind. Vielleicht wird es sie in 40 Jahren nicht mehr geben.

Mit solchen Fragen muss sich eine Gesellschaft auseinandersetzen und NPO-Kommunikation leistet hier einen wichtigen Beitrag. Advocacy-Arbeit, also das anwaltschaftliche Eintreten für ein Thema oder eine Gruppe, ist eine wichtige Aufgabe (Frey & Schmuki, 2020), die umso schwieriger ist, weil man dafür nur selten Finanzmittel erhält.

Ziel 2 – Mobilisation

Wie im Kap. 4 ausgeführt, ist keine NPO eine Insel. Wir brauchen jede Unterstützung, die wir kriegen können; finanzielle Mittel, aber vor allem auch die ideelle Unterstützung der Ziele und die freiwillige Mitarbeit.

Bei der Mobilisierung geht es um Menschen. Sie und ihre Leistungen stehen im Zentrum und ein gezieltes Understatement der übergeordneten Organisation ist entscheidend für den langfristigen Erfolg.

Deshalb hier auch eine klare und ganz kurze Aussage zum Thema „Branding", also dem Prägen eines Projekts auf eine Organisation mit der Kernaussage „Das waren wir und nur wir". Dies ist eine der klassischen Vorstellungen, die sich unglücklicherweise aus der Wirtschaft in den 3. Sektor verirrt haben. Sie ist nicht nur falsch, sondern gefährlich, denn als

Folge davon werden sich kaum Co-Finanzierer finden – etwas, was praktisch jedes Non-Profit-Projekt mit den Jahren braucht.

Ziel 3 – Positionieren

Die NPO-Welt ist die Welt der vielen kleinen und mittelgroßen Organisationen. Jede arbeitet in ihrem Spezialgebiet, geografisch oder fachlich, und der Aufbau eines direkten Konkurrenzkampfes um die gleiche Leistung wäre schlicht eine Verschwendung der wenigen Ressourcen. Die Leistungen müssen sich ergänzen, nicht konkurrenzieren.

Es braucht eine klare, scharf umrissene Positionierung des Themas und dem, was man darin macht. In der Theorie zur Strategiearbeit am Center for Philanthropy Studies sprechen wir im Drei-Markt-Framework von einem „Anerkennungsmarkt" und darin von vier strategischen Zielen, die eine NPO erreichen sollte (Hersberger & Schmuki, 2019). Siehe dazu Abb. 12.1.

Anerkennung vs. Mittelbeschaffung

Sie mögen nun anführen, dass man für die Mittelbeschffung sagen muss, wie erfolgreich die eigene NPO arbeitet, sonst gibt niemand Geld. Anerkennung der Organisation und Mittelbeschaffung darf man nicht verwechseln. Es sind zwei getrennte Aufgaben, die sich jedoch stark beeinflussen. Es sind andere Personen in der Organisation, die für Anerkennung arbeiten als die Fundraisingabteilung. Beziehungsweise, es gibt einige Organisationen, die glauben, diese Aufgabe der öffentlichen Wahrnehmung dem Fundraising überlassen zu können – und sie machen damit einen großen Fehler.

Die Mittelvergabe bei den großen Förderstiftungen und staatlichen Institutionen wird stark beeinflusst von der Wichtigkeit, die man öffentlich dem Thema beimisst, das eine NPO bearbeitet. Das Versenden von Spendenbriefen und Gesuchen reicht nicht aus, um ein Thema wichtig zu machen.

Laut sein – und evtl. auch darunter leiden

Es gibt nur einen Bereich der Mittelbeschaffung, in der möglichst lautes Herausstreichen der eigenen Leistung relevant ist und damit auch die Außenwahrnehmung prägt: die Einzelspenderwerbung auf der Straße, an

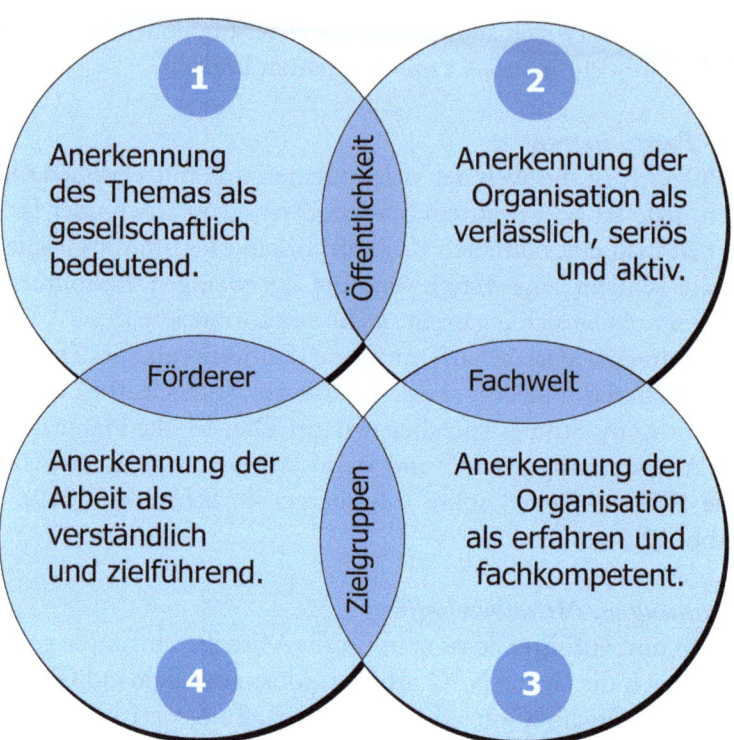

Abb. 12.1 Drei-Markt-Framework – Ziele im Anerkennungs-Markt. (Quelle: Schmuki Vorlesung NPO-Strategie, 2023)

der Türe, mittels Mailings oder per Postwurf. Doch diese Möglichkeit steht normalerweise nur wenigen, sehr großen Organisationen und besonderen Mittelbeschaffungs-Aktionen offen und ist für den größten Teil aller NPOs schlicht bedeutungslos.

Doch diese Arbeit im Einzelspendermarkt hat für diese großen Organisationen auch eine Kehrseite. Vor kurzem gab es ein Treffen zwischen Förderorganisationen und bedeutenden Hilfswerken, an dem die operativen Tätigen zeigen wollten, wie sie ihre Arbeit ständig den neuesten wissenschaftlichen Erkenntnissen und Bedürfnissen anpassen. Die Antwort der Förderorganisationen hat dann doch etwas schockiert. Die Vertreter:innen aus Stiftungsräten machten klar, dass ihr Bild von der Arbeit einer Organisation nicht vom Gesuchstext der NPO geprägt ist, sondern von den Briefwerbungen, die auch jeder Stiftungsrat in seinem Briefkasten hat. Und dort habe man das Gefühl, NPOs arbeiten noch wie vor 30 Jahren. Die eher populistische und vereinfachende Kommunikation der Briefwerbung schafft ein Außenbild der Hilfswerke als veraltet und nicht systemisch arbeitend – etwas, das heute kaum mehr von einer institutionellen Geldgeberin unterstützt wird.

> **Schein und Sein**
>
> Nehmen Sie eine Organisation, die Sie kennen und von der Sie schon eine Werbung erhalten haben. Zum Beispiel SOS-Kinderdorf, World Vision oder das Rote Kreuz. Wie glauben Sie, arbeiten diese Organisationen? Und dann studieren Sie einmal die Website und schauen, welche Projekte diese NPOs umsetzen – wir glauben, Sie werden erstaunt sein, wie groß hier der Unterschied zwischen Außenwahrnehmung und konkreter Arbeit ist.

Literatur

Frey K., Schmuki R. (2020). *Advocacy – die gesellschaftspolitische Arbeit von Nonprofit-Organisationen und Förderstiftungen – Eine Einführung mit Fallstudie.* (Bd. 27). CEPS Forschung & Praxis.

Hersberger, S., Schmuki, R. (2019). *Strategische Marktentwicklung für Nonprofit-Organisationen. Ein neues Strategie-Framework für NPO.* (Bd. 26). CEPS Forschung & Praxis.

von Schnurbein, G. (2016). Kommunikationscontrolling in Non-Profit-Organisationen. In Handbuch Controlling der Kommunikation: Grundlagen–Innovative Ansätze–Praktische Umsetzungen (pp. 771–788). Wiesbaden: Springer Fachmedien Wiesbaden.

13

Machen wir wirklich einen Unterschied?

Die NPO-Welt teilt sich, wie schon erwähnt, in zwei Akteursgruppen: jene, die die Mittel bereitstellen, insbesondere Förderstiftungen und andere Institutionen. Und jene Organisationen, die die Angebote und Projekte umsetzen. Gemeinsam ist beiden eine zentrale Frage: «Bewirken wir mit unserer Arbeit jene positive Veränderung, die wir angestrebt haben?»

Die Diskussion um die Wirkung dominiert heute, aus unserer Sicht zu Recht, die Debatte um die Arbeit von NPOs. Ging man früher davon aus, dass die gute Absicht und ein einigermaßen plausibler Arbeitsansatz genügt, dass sich eine gute Entwicklung einstellt, wird heute mehr gefordert. Man möchte konkrete Hinweise, Indikatoren genannt, an denen man ablesen kann, ob sich wirklich etwas zum Guten verändert. Und auch, ob es Nebeneffekte gibt, die gravierende neue Probleme schaffen.

Herkunft dieser Forderung
Die Debatte über die Wirkung der Arbeit von NPOs kommt aus der Entwicklungszusammenarbeit. In den 70er- und 80er-Jahren des letzten Jahrhunderts machten Geschichten die Runde, die den Sinn von Projekten stark in Frage stellten. Ein bekanntes Beispiel ist jenes der Brunnen im Sahel. Damals gab es Spendenaufrufe, um in trockenen

Savannengebieten Brunnen graben zu können, die die Menschen und das Land mit Wasser versorgen würden und es ermöglichen, dass die Region grüner und reicher werde. Klingt durchaus plausibel. So wurde in den Jahresberichten aus der Zeit vor allem darüber berichtet, wie viele neue Brunnen gegraben wurden.

Besuchte man die Orte jedoch wenige Jahre später, war aus der Savanne mit spärlichem Grün bereits Wüste geworden. Was war passiert? Die Information, dass es an einem Ort nun einen Brunnen gibt, an dem man das Vieh tränken kann, verbreitete sich schnell in den Regionen. Viehfarmer trieben ihre Herden an diese Orte, deren letztes Grün nun von den viel zu vielen Tieren schnell weggefressen war. Ihre Hufe taten den Rest. Nicht blühende Oasen entstanden, sondern die Wüste breitete sich weiter aus (Wade, 1974).

Geschichten wie diese führten dazu, dass in der internationalen Zusammenarbeit die Wirkungsüberprüfung zum Standard wurde.

Entwicklung in Europa

Mit rund 20 Jahren Verzögerung ist die Überprüfung von Wirkung heute auch für die Arbeit in Europa ein Muss. Jahrelang gesellschaftliche, ökologische oder kulturelle Arbeit zu machen, ohne danach zu fragen, was diese Arbeit bewirkt, ist nicht mehr akzeptabel. Doch so einfach ist die Sache mit der «Wirkungsmessung» nicht, denn wie messe ich «weniger einsam» oder «mehr Selbstvertrauen». Hier muss man die traditionelle Vorstellung von «messen» verlassen, obwohl dieser Ausdruck immer wieder verwendet wird. An der Universität spricht man von «Wirkungsanalyse».

Realistische Ansätze finden

Aus wissenschaftlicher Sicht ist klar, dass man in vielen Fällen stabile Daten nur mit Vergleichsgruppen-Studien erhalten kann. Doch kaum ein NPO-Projekt hat die Ressourcen für solch aufwändige Forschung. Und in recht vielen Fällen gibt es auch ethische Bedenken, Menschen eine Hilfe bewusst nicht zukommen zu lassen, um zu schauen, ob es ihnen dann schlechter geht als jenen, die die Hilfe erhalten haben.

In der Realität kommt die Großzahl der Wirkungsanalysen ohne Vergleichsgruppen-Studie oder Vergleichsumfeld aus. Eine Analyse setzt sich meist aus zwei Teilen zusammen: Einem laufenden Monitoring, das die harten Fakten festhält, zum Beispiel, wer Teil genommen hat an einem Projekt, wie oft und welchen persönlichen und sozialen Hintergrund die Person mitbringt. Diese Datenerfassung lässt vor allem quantitative, jedoch zum Teil auch schon qualitative Aussagen zu. Ergänzt wird das Monitoring durch gezielte Evaluationen, die qualitative Informationen sammeln. Oft sind dies Befragungen der Teilnehmenden und Verhaltens- oder Umfeldbeobachtungen.

In der Kombination dieser beiden Analyseteile lassen sich durchaus Aussagen machen, ob das Gefühl von Einsamkeit abnimmt oder sich Personen im Programm gestärkt und selbstsicherer fühlen, um bei den beiden oben genannten Fragestellungen zu bleiben. Komplexer wird es bei den Langzeitwirkungen. Hier kann man immer noch Entwicklungen analysieren, doch die Frage, wie viel dieser Entwicklungen, positiven und negativen, auf das eigene Projekt zurückzuführen sind, ist schwieriger zu beantworten.

Notwendiges Wissen
Es ist unbestritten, dass sich NPOs – ob Förderer oder operativ tätige Organisation – mit ihrer gesellschaftlichen Wirkung beschäftigen müssen. Wichtig für Sie als Neueinsteiger:in ist, dass Sie verstehen, wie in Ihrer Organisation diese Wirkungsfragen geklärt werden. Gerade für die Arbeit im Vorstand oder Stiftungsrat ist dies eine Kernkompetenz.

Hat ein solches Gremium keine Vorstellung, an was es erkennen kann, ob die Arbeit der eigenen NPO Wirkung erzielt, verfehlt es eine der Hauptaufgaben seines Governance-Auftrags: Die Kontrolle, ob wir auf dem richtigen Weg sind. Es wird sich einen großen Teil seiner Zeit über die aktuelle Jahresrechnung oder die passende Anlagestrategie unterhalten, obwohl finanzieller Erfolg nichts darüber aussagt, ob die Arbeit einer NPO einen Wert oder eine Bedeutung hat.

Grundlage für ein gutes Wirkungsmodell
Oft wird der Aufbau eines Wirkungsmodells für eine hochkomplexe Aufgabe gehalten. Das ist es nicht.

Alles beginnt damit, dass Sie das Problem, mit dem sich Ihre Organisation auseinandersetzt, wirklich verstehen. Das Werkzeug, das sich in unserer Arbeit mit NPOs und Förderstiftungen am meisten bewährt hat, heißt Problembaum – Zielbaum – Lösungsbaum, oder manchmal auch nur Problembaum – Lösungsbaum.

Im Problembau wird das Kernproblem genannt z. B. der schwierige Zugang von Migrant:innen zum Arbeitsmarkt. Auf der Ursachenseite, den Problemwurzeln, werden nun verschiedene der Ursachen, die zum Problem führen, gesammelt. In diesem Beispiel Sprachbarrieren, Bildungslücken, gesetzliche Rahmenbedingungen, Berührungsängste, Vorurteile, Gendereinschränkungen etc. Ein guter Problembaum sammelt auch die Ursachen der Ursachen.

Auf der Folgen-Seite, den Ästen des Baums, werden nun die gesellschaftlichen und persönlichen Folgen dieses Problems genannt, wie in diesem Beispiel ökonomische, soziale und psychologische Folgen für die Einzelperson oder wirtschaftliche, soziale oder medizinische Folgen für das familiäre System, die Gemeinde, den Kanton oder das Bundesland oder die Gesellschaft als solche.

In einem zweiten Schritt benennt man nun die Idealform, wie sich das Problem entwickeln sollte, wie Migrant:innen finden einfach und nachhaltig Zugang zum Arbeitsmarkt (je nach politischer Richtung ist dies nun nicht die Ziel-, sondern die Problemformulierung – aber dies nur als Seitenbemerkung). Der Zielbaum nennt nun für jede der Ursachen ihre optimale Veränderung, so dass das Problem als Ganzes verschwindet. Er beschreibt auch die Veränderung in den gesellschaftlichen Folgen. Daraus wird meist die Hauptargumentation für die Gesuchsarbeit und im Kern natürlich auch die eigene Motivation zur Arbeit abgeleitet.

Im dritten Schritt wählt nun ihre Organisation realistisch, bei welchen Veränderungen der Ursachen sie wirklich etwas beitragen kann. Und eben auch, bei welchen nicht. Dieser Blick auf die Lücken ihrer Arbeit zeigt ihnen auch, mit wem sie strategisch zusammenarbeiten sollten. Sie bzw. ihre Organisation löst nicht alle Ursachen, doch optimalerweise gibt es Andere, die parallel zu ihnen an anderen Auslösern des Grundproblems arbeiten. Also in unserem Beispiel bieten sie Sprachkurse für Migrant:innen an und unterstützen sie bei Vorstellungsgesprächen. Und eine andere

Organisation formuliert Vorstöße im Parlament, die die gesetzlichen Rahmenbedingungen für den Einstieg in den Arbeitsmarkt verändern.

Wirkungsketten und die zugehörigen Indikatoren
Das Werkzeug «Problembaum-Zielbaum-Lösungsbaum» beinhaltet schon die Grundidee jedes Wirkungsmodells, nämlich, dass Handlungen und Rahmenbedingungen folgen haben. Man kann aus dem Lösungsbaum die Grundstruktur der Wirkungskette der gesamten Organisation oder eines einzelnen Projekts direkt ableiten: Auf diese Weise intervenieren wir in die Ursache eines Problems (Input und Aktivität), so reagiert unsere Zielgruppe daraus (Output), so verändert unsere Zielgruppe kurz- und langfristig ihre Fähigkeiten, ihre Einstellung und ihr Verhalten (Outcome) und dies führt zu folgender Veränderung in der ganzen Gesellschaft (Impact, nicht nur von uns abhängig, aber das übergeordnete Ziel).

Hat man diese Ketten logisch zusammengehängt – deshalb heißen solche Modelle im englischen Logical Frameworks oder LogFrames, also etwa «Logischer Arbeitsrahmen» – erhält man ein Wirkungsmodell. Umschreibt man dies auch sprachlich noch genauer, so nennt sich dies in der Praxis oft «Theory of Change» oder kurz TOC. Doch die TOC-Bezeichnung finden wir eher in der internationalen Zusammenarbeit als, zum Beispiel, in der lokalen Sozialarbeit in Deutschland, Österreich oder der Schweiz.

Nun gilt es eigentlich nur noch etwas zu machen: Man muss die Frage klären, an was man erkennt, ob man die Leistungsziele (Output) und die Wirkungsziele (kurz- und langfristiger Outcome) wirklich erreicht, also zum Beispiel das Leistungsziel «Mindestens 12 Migrant:innen beiderlei Geschlechts besuchen unseren Sprachkurs» oder das Wirkungsziel «Alle verbessern ihre sprachlichen Fähigkeiten, 50% davon um drei Sprachtest-Stufen».

Hier kommt man schnell darauf, dass es wunderbar ist für eine Wirkungsevaluation, wenn man weiß, was die Ausgangslage ist (Baseline). Beim oben genannten Wirkungsziel «Verbesserung der Sprachfähigkeit» also die Frage, wie gut Deutsch sie den vor dem Kurs sprechen. Dies wird dann wahrscheinlich zu einem Einstiegstest führen, der auf der einen Seite eine Baseline liefert, auf der anderen Seite für die oder den Sprachlehrer:in wichtig ist, um das Programm anzupassen.

Optimalerweise helfen solche Erhebungen auch, um die Arbeit unmittelbar zu bereichern (Abb. 13.1).

Auch das Unerwartete erforschen
Das Wirkungsmodell und die Indikatoren bergen eine große Gefahr. Man fragt nur danach, ob die eigenen Annahmen zur Erreichung der Wirkung richtig oder falsch sind. Nicht abgebildet sind die unerwarteten Wirkungen, weil diese ja eben unerwartet sind und deshalb im Wirkungsmodell nicht auftauchen. Sie sind aber für die Gesamtbewertung des Werts einer Arbeit mitentscheidend. Das Monitoring und die Evaluation müssen also so gestaltet sein, dass auch unerwartete Folgen festgehalten werden. Die Erfahrung zeigt – und dort kommen wir schon zum nächsten Kapitel – dass in den unerwarteten Wirkungen das größte Innovationspotenzial für eine NPO stecken.

Lassen Sie sich nicht verunsichern, wenn jemand sagt, die Wirkung ihrer Organisation muss gemessen werden. Dies ist gut und sollte sie auch interessieren. Und wir hoffen, Ihnen mit diesem Kapitel auch gezeigt zu haben, dass eine solche Wirkungsanalyse keine Raketenwissen-

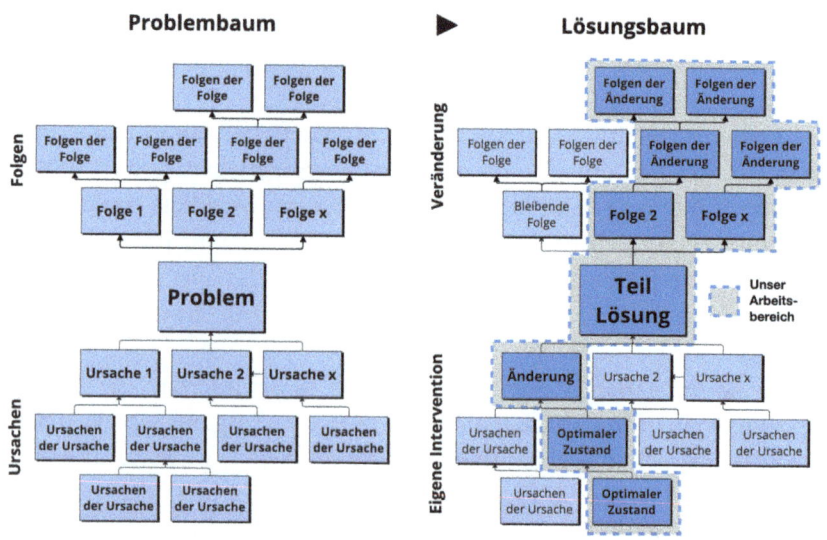

Abb. 13.1 Problembaum – Lösungsbaum. (Quelle: CAS Wirkungsmanagement, CEPS, Universität Basel)

schaft ist, sondern mehr mit der Bereitschaft zu tun hat, wirklich hinzuschauen.

> **Mitdiskutieren**
>
> Wenn Sie genau wissen, was die Ausdrücke «Input», «Output», «Outcome» und «Impact» bedeuten und Sie auch die «SDG 2030» kennen, sind Sie gut vorbereitet. Sie können konstruktiv an einer Diskussion zur Wirkung Ihrer gemeinnützigen Arbeit teilnehmen und vergleichende Bezüge zur Arbeit anderer herstellen.
>
> Wenn Sie hier unsicher sind, empfehlen wir Ihnen das Kursbuch Wirkung von Phineo/CEPS (Kurz & Kubek, 2018), zu dem Sie über die Website des Center for Philanthropy Studies (CEPS), www.ceps.unibas.ch, kostenlosen Zugang erhalten.

Literatur

Kurz B., Kubek D. (2018). *Kursbuch Wirkung*, Edition Schweiz. PHINEO gAG/CEPS.

Wade, N. (1974). Sahelian drought: No victory for Western aid. *Science, 185*(4147), 234–237.

14

Ein innovatives Projekt - und was danach kommt

Mit dem Wort Innovation verbinden sich viele Mythen. Es trägt das Bild der genialen Person in sich, die am Morgen aufwacht und plötzlich weiß, wie ein Reißverschluss funktioniert oder wie man auf den Mond fliegt.

Dies hat wenig mit der Realität von innovativen Organisationen zu tun. Innovations- und Entwicklungsfähigkeit hängt viel enger mit der Kultur einer Organisation zusammen. Anders als in der produzierenden Industrie, in der Aerodynamik-Spezialisten Autoformen und Molekularbiologen Nano-Computerchips der nächsten Generation entwickeln, bewegen wir uns im Non-Profit-Sektor eng an der sozialen Welt der Menschen. Ideen für die Lösung gesellschaftlicher Problemstellungen entstehen ganz nah an und mit den Menschen (Bethmann, 2019).

Die Fähigkeit einer gemeinnützigen Organisation, Neues zu entwickeln, gründet sich deshalb zentral, wie in Kap. 7 zur Partizipation ausgeführt, in einer Kultur, in der die Mitarbeitenden zu den Gestaltern werden und ihre Ideen aktiv einbringen und ausprobieren können (von Schnurbein et al. 2023).

„Wenn Sie Pech haben, wird Ihr Projekt ein Erfolg"
Innovative Ideen den Platz und die Unterstützung zu geben, die sie brauchen, ist die erste Aufgabe einer wirkungsorientierten Organisation. Doch eine Idee zum ersten Mal umzusetzen ist nur der erste Teil der Arbeit und meistens der Einfachere. Die wirkliche Arbeit beginnt dann, wenn Sie in einer erfolgreichen Pilotphase gezeigt haben, dass Ihr neuer gesellschaftlicher Arbeitsansatz funktioniert.

Mit dem Erfolg kommen viele Fragen auf Sie zu, mit denen Sie sich möglicherweise noch kaum auseinandergesetzt haben:

Welches ist das richtige Personal, das wir für einen langfristigen Betrieb brauchen? Finden wir auch nach der Pilotphase noch Freiwillige?

Sollen wir es bei diesem einen Projekt lassen oder multiplizieren wir den Ansatz auch an anderen Orten? Und wenn Multiplikation die Antwort ist: machen wir das selbst oder suchen wir uns Partner?

Und wer finanziert uns langfristig, wenn die Förderorganisationen meist nur in die Innovation investieren wollen, aber nicht in die Verstetigung? etc.

Die Liste der Fragen, die nach einem erfolgreichen Pilotprojekt auftauchen, ist lang. Rational kann eine NPO auf zwei Arten reagieren: sie geht den anstrengenden Weg des Aufbaus, des Scaling-ups, und erarbeitet nun nicht mehr neue Projektideen, sondern vielmehr organisatorische und strukturelle Lösungen für den Ausbau des Projekts zu einem ganzen Programm. Oder sie beendet das Projekt nach der Pilotphase und spezialisiert sich darauf, regelmäßig neue Projekte zu lancieren, die sie dann als Innovation wieder durch Förderbeiträge zu finanzieren versucht.

Selbstverständlich ist die zweite Option keine wirkliche Strategie für eine gemeinnützige Organisation. Ein solches Vorgehen könnte man im Profitbereich mit einem gemachten finanziellen Gewinn noch zufriedenstellend begründen, aber im NPO-Bereich ist eine solche Verschwendung von Mitteln und bewährten Arbeitsansätzen schlicht nicht akzeptabel.

Gehen Sie davon aus, dass Ihr Projekt sich bewährt
Wir stellen immer wieder fest, dass innovative Projekte gestartet werden, ohne darüber nachzudenken, was man tun wird, wenn die eigene Arbeit Erfolg hat und sich der neue Arbeitsansatz bewährt. Und weil man nicht darüber nachdenkt, macht man schon während der Vorbereitung Fehler

oder unterlässt Sachen, für die man später bezahlt. Dies beginnt beim Aufbau langfristig nutzbarer Finanzierungsmodelle über die Wahl der Mitarbeitenden und die Inhalte der Kommunikation bis zum Aufbau der wichtigen Netzwerke.

Nehmen wir ein fiktives Beispiel: Ein:e Mitarbeiter:in bringt in Ihrer Organisation die Idee ein, für die vielen neu zugezogenen Mütter mit Migrationshintergrund im Stadtteil X ein Sportangebot zu schaffen, da sie keinen Zugang zu passenden Bewegungsangeboten haben und Studien bei ihnen ein erhöhtes Osteoporoserisiko zeigen.

Eine Turnhalle, die von außen nicht einsehbar ist, ist schnell gefunden, ein Kulturverein wird Partner und dort wird auch gleich eine Freiwillige gefunden, die ein Sport-Studium abgeschlossen hat und bereit ist, im ersten Jahr jeden Mittwochnachmittag drei Stunden zu leiten.

Mit großem Elan können die Initianten schon im Herbst starten und sind überwältigt, wie viele Frauen jeden Mittwoch zu Sport und Spiel kommen, schnell auch aus anderen Stadtteilen. Im Projekt haben sich zusätzlich Möglichkeiten eröffnet, wie man die Frauen auch in ihrem schwierigen Umgang mit Schulen und Behörden beraten kann und ihnen damit den Einstieg in ein neues Land vereinfacht. Eine mit Ämtern erfahrene Person ist am Ende des Nachmittags anwesend und wird rege befragt.

Das Angebot ist ein so großer Erfolg, dass sie schon im zweiten Betriebsjahr den Integrationspreis des Bundeslandes erhalten hat, dotiert mit 25'000 €. Fast wöchentlich kommt ein Journalist vorbei, um über das Projekt und die Organisation zu berichten, und es haben sich bereits sich andere Stadtteile, ja sogar andere Städte gemeldet, die das Modell gerne übernehmen würden. Die Organisation wird angefragt, ob sie nicht an einem anderen Ort ein identisches Projekt starten könnte, die Finanzierung werde zur Verfügung gestellt.

Kurz: Rundum eine Erfolgsgeschichte.

Die Geschichte ist zwar fiktiv, aber sehr ähnlich haben wir sie mit Projekten und Organisationen erlebt. Einzelne Projekte wurden eingestellt, weil intern Konflikte über Führung und Ausdehnung entstanden, besonders wenn Preisgeld und finanzielle Unterstützung fließen. Andere versuchten, klein zu bleiben und wiesen Teilnehmende ab, was aus gesellschaftlicher Sicht unbefriedigend ist. Und Dritte fanden keine

Freiwilligen mehr und wurden auf einen Schlag viel teurer, was viele Fragen bei Geldgebern auslöst.

Deshalb hier die Empfehlung: Gehen Sie bei der Planung eines neuen Projekts von Erfolg aus. Denken Sie darüber nach, wie Sie damit umgehen werden:

Wer soll das Projekt langfristig tragen, evtl. auch an einem weiteren Standort?
Soll überhaupt ausgerollt werden und wenn nicht, wie soll man das begründen ohne Reputationsschaden?
Wie sehen die Projektkosten aus, wenn Sie die bisher freiwillig geleistete Arbeit stattdessen einkaufen müssten?
Wer kann langfristig der verlässliche Finanzpartner sein und wie können wir mit dem Projekt Eigenmittel erwirtschaften?
Wer sind die richtigen Mitarbeitenden und in welchem (Lohn-) Verhältnis stehen sie zur Organisation?
Welche Daten und Bilder werden wir für die Kommunikation brauchen, wenn das Projekt langfristig weitergeführt und ausgerollt werden soll?
Gibt es Allianzen zu NPOs und Ämtern, die langfristig wichtig werden, und die man deshalb schon zu Beginn aufbauen sollte?
Gibt es gesetzliche Rahmenbedingungen, die das Projekt langfristig gefährden?

Natürlich fokussieren diese Ausführungen zur Innovationsfähigkeit auf operativ tätige NPOs, die gesellschaftliche Projekte organisieren. Aber die Überlegungen zur langfristigen Wirkung von gesellschaftlichen Programmen muss genauso auch die Welt der Förderstiftungen und die Verantwortlichen staatlicher Förderprogramme interessieren. Dies ist der Grund, weshalb sich heute auch und gerade Förderstiftungen mit der Frage auseinandersetzen, woran man Projekte erkennt, die langfristig Wirkung entwickeln, dabei skalierbar sind und nicht schon nach einer grandiosen Pilotphase wieder eingehen.

14 Ein innovatives Projekt - und was danach kommt

Weitergeben

Eine Option wird oft vergessen, die man sich aber auch schon sehr früh in einem Projekt überlegen sollte: Können wir es auch einer anderen Organisation übergeben, die es weiterträgt?

Dies kann man auf unterschiedliche Art tun: von einem Franchise-Modell über Partnerschaften bis hin zur vollständigen Übergabe. Die Scaling-up-Matrix zeigt hier die zwei Hauptrichtungen (Abb. 14.1).

Wir gehen hier nicht auf die Details der verschiedenen „Ausroll-Modelle" ein, die die Scaling-up-Matrix nennt. Nicht alles passt zu jeder Organisation. Wir wollten nur darauf hinweisen, dass Sie die ganze Arbeit nicht selbst tragen und leisten müssen.

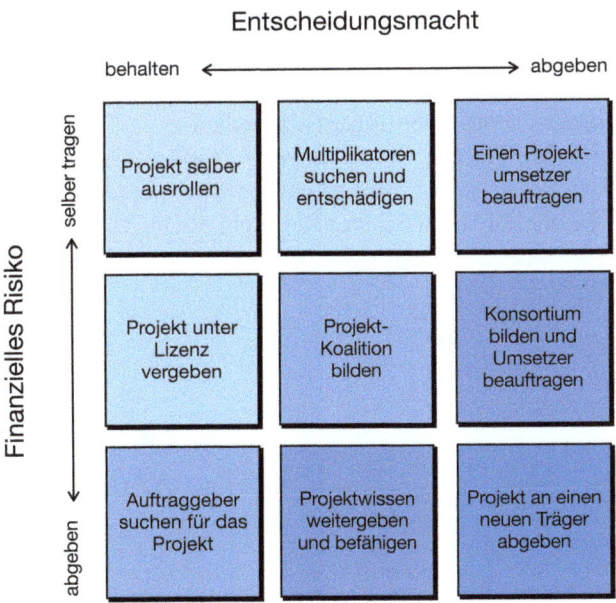

Abb. 14.1 Scaling-up-Matrix. (Quelle: Schmuki, Vorlesung Scaling-up 2018)

> **Bei anderen abschauen**
>
> Es gibt zum Glück sehr viele gelungene Beispiele von Projekten, die unterschiedliche Wege der Multiplikation gegangen sind. Wenn Sie Lust haben, googeln Sie doch einmal, was diese NPOs alles erreicht haben und mit welcher Strategie. Hier einige NPOs, deren Scaling-up wir ausgezeichnet finden:
>
> - Discuss it, Schweiz
> - Rock your life, Deutschland
> - Ensa, Neuseeland
> - Sunflower Lanyard, GB
> - Magic Bus, India
> - Bookbridge, Schweiz

Literatur

Bethmann, S. (2019). *Stiftungen und soziale Innovationen – Strategien zur Lösung gesellschaftlicher Probleme.* Springer Fachmedien.

von Schnurbein, G., Potluka, O., & Mayer, A. (2023). Creating social innovation in urban development through collaborative processes. Innovation: The European Journal of Social Science Research, 36(2), 316–332.

15

Schlusswort

Am Ende dieses Buches beginnt für Sie ein hoffentlich erfolgreicher Start in Ihr Engagement oder Ihre Tätigkeit in einer NPO! Wir hoffen, dass Sie mit diesem Wissen gut gerüstet sind für die ersten Schritte. In den Literaturhinweisen in jedem Kapitel finden Sie die vertieften Informationen, die der kurze Überblick in diesem Buch weder leisten wollte noch konnte. Lassen Sie sich Zeit, um sich mit den verschiedenen Themen näher zu beschäftigen – es lohnt sich! Und wenn dabei Fragen aufkommen, suchen Sie sich passende Auskunftspersonen in Ihrer NPO, in Verbänden oder anderen Organisationen der Zivilgesellschaft. Sie dürfen sonst auch gerne uns schreiben und um Rat fragen!

Das Buch wäre ohne die Unterstützung vieler Personen gar nicht zustande gekommen. Wir danken ganz besonders Ruth Lechler für die hilfreichen Kommentare zur Erstversion, unseren Kolleg:innen von CEPS und Con·Sense für zahlreichen Gespräche und Diskussionen sowie Margit Schlomski und Muhammed Shahul Abdulla vom Verlag Springer Gabler für die kompetente Betreuung. Natürlich danken wir auch allen Führungskräften aus NPOs, mit denen wir in den letzten Jahren viele Gespräche führen konnten und tiefere Einblicke in das NPO-Management gewinnen konnten.

Zum Abschluss ein letzter Ratschlag: Verlieren Sie über allen Aufgaben, Entscheidungen und Verantwortungen nie den eigentlichen Zweck Ihres Engagements aus den Augen: Eine NPO ist dazu da, sich für andere einzusetzen, anderen zu helfen und so zu einer positiven Entwicklung der Gesellschaft beizutragen. Die Freude der Anderen über die erhaltene Hilfe ist die zufriedenstellendste Belohnung für alles!

Glossar

Ausdrücke aus der NPO-Arbeit, die man kennen sollte

Advocacy Eintreten für ein Thema oder für eine Gruppe auf gesellschaftlicher, gesetzlicher oder politischer Ebene (im Gegensatz zu Lobbyismus, der dieses Eintreten nur auf politischer, vor allem parlamentarischer Ebene meint).

Anlagestrategie Sie legt die Art und Weise fest, wie die Stiftung im Rahmen ihrer Risikofähigkeit und Risikobereitschaft ihr Vermögen strukturieren möchte, um ihre Ausgabenpläne zu finanzieren.

Antragszyklus Zeitraum zwischen Förderaufruf und Entscheidung (z. B. jährlich).

Anspruchsgruppen Werden in der Literatur häufiger als Stakeholder einer NPO bezeichnet. Es beschriebt alle Gruppen und Personen, die für die Arbeit einer Organisation wichtig sind.

Benefiz Veranstaltung (z. B. Konzert), deren Erlös einer gemeinnützigen Organisation zugutekommt

Bundesverband Deutscher Stiftungen Dachorganisation für Stiftungen in Deutschland

Bündnis für Gemeinnützigkeit Interessenvertretung des gemeinnützigen Sektors und der Freiwilligenorganisationen in Österreich

Bürgerstiftung Sie ist eine vor allem in Deutschland genutzte Form und dient der Finanzierung und Unterstützung von gemeinnützigen Organisationen und Projekten in einem definierten geografischen Raum. Dazu werden Spenden von Einwohnern und lokalen Unternehmen gesammelt.

Capacity Building Stärkung der Fähigkeiten von Organisationen oder Einzelpersonen.

CEPS *Center for Philanthropy Studies*, das Forschungsinstitut der Universität Basel zu Fragen der philanthropischen oder gemeinnützigen Arbeit.

Checks and Balances Gegenseitige Kontrolle (Checks) verschiedener Organe einer Organisation, um vor allem auch die Ansammlung von Macht auszugleichen (Balances). Dies setzt eine Gewaltenteilung innerhalb der Organisation voraus.

Corporate Foundation Stiftungen, die zu einem Wirtschaftsunternehmen gehören und oft den gleichen Namen tragen wie die Firma (z. B. Novartis Stiftung)

Corporate Volunteering Form der Freiwilligenarbeit, in der ein Wirtschaftsunternehmen seine Mitarbeitenden einsetzt zu gemeinnützigen Arbeiten, meist verbunden mit Vorteilen für die Mitarbeitenden wie zusätzliche Freitage.

Crowdfunding Finanzierungsmethode, bei der viele Einzelpersonen kleine Beträge für ein Projekt spenden, meist über eine Crowdfunding-Plattformen, einem darauf spezialisierten Online-Portal.

CSR/Corporate Social Responsibility Das gesellschaftliche Engagement von Unternehmen.

Dachstiftung Sie bietet unselbständigen Stiftungen und kleineren Vermögen das Pooling bei der Vermögensbewirtschaftung wie auch im Bereich der Projektförderung an.

Dachverband Übergeordnete Organisation (z. B. Deutscher Naturschutzring).

Dritter Sektor/3. Sektor Die Einteilung der Volkswirtschaft kennt neben dem privaten Bereich, der Familie, drei weitere relevante Akteure. Den Staat als 1. Sektor, die Wirtschaft als 2. Sektor und den Non-Profit-Bereich als 3. Sektor. Zu Verwirrung führ die Einteilung der Wirtschaft in den primären, sekundären und tertiären Sektor, oft auch als 1., 2. und 3. Sektor geschrieben. Hier meint der tertiäre Sektor Dienstleistungsunternehmen.

Due Diligence Prüfung einer Organisation vor einer Kooperation oder einer Förderung (z. B. finanzielle Stabilität, Seriosität).

effektiv, Effektivität Die «richtigen Dinge» tun und damit eine im Rahmen der jeweiligen Strategie beabsichtigte Wirkung erzielen.

effizient, Effizienz Die Dinge «richtig» tun; bei der Effizienz geht es um das Verhältnis von Aufwand und Wirkung.

Empowerment Eine Zielgruppe befähigen, sich stark genug zu fühlen, eigene Lösungen zu entwickeln.

Engagementförderung Strategien, um Freiwillige oder Spender:innen langfristig zu binden (z. B. durch Anerkennungskultur).

ESG-Kriterien Kriterien im Rahmen nachhaltigen Investierens von z. B. Stiftungsvermögen: «**E**nvironmental, **S**ocial and **G**overnance».

Evaluation Eine Überprüfung der Wirkung einer Organisation. Eine Evaluation kann sich auf die Wirkung einzelne Projekte oder auf die ganze Organisation beziehen.

Freistellungsbescheid Amtliche Bestätigung der Gemeinnützigkeit (DE/AT). Gibt es in dieser Form in der Schweiz nicht.

Freiwilligenmanagement Suche, Qualifizierung, Koordination und Begleitung von Freiwilligen in ihrer Tätigkeit. Hier besteht Übereinstimmung im 3. Sektor, dass ein langfristig verlässlicher Freiwilligenbereich professionell begleitet werden muss. Je nach Bereich und Art der Einsätze geht man von ca. 10 Stellenprozent für Freiwilligenmanagement pro 12 bis 20 Freiwilligen aus.

Förderstiftung Stiftung, die Geld an Dritte vergibt (Gegensatz zu operativer Stiftung).

Gemeinnützigkeit Tätigkeit ohne Gewinnziel, die sozialen/kulturellen/ökologischen Zwecken dient.

Gemeinnützigkeitsrecht Rechtsgrundlagen (DE: AO §§ 51 ff., AT: BAO §§ 34 ff., CH: Keine eigentliches Gemeinnützigkeitsrecht. Die Gemeinnützigkeit ist in der Schweiz primär ein Begriff des Steuerrechts und wird von den Steuerbehörden der Kantone beurteilt.

Gemeinwohlbilanz Ein in Deutschland genutzte Bezeichnung für einen Bericht, der den Beitrag einer Organisation zum Gemeinwohl misst (über finanzielle Kennzahlen hinaus). Seine Inhalt und seine Ziele sind mit jenen des -> SROI vergleichbar

Governance Regeln und Grundsätze für die Führung und Kontrolle einer Organisation. Im Vordergrund steht dabei die Tätigkeit von Vorständen und Stiftungsräten gegenüber dem operativen Bereich einer Organisation.

Handelsregister Gemeinnützige Stiftungen der Schweiz müssen im Handelsregister eingetragen werden, mit Namen und Zeichnungsberechtigungen aller Stiftungsratsmitglieder. Die Handelsregisterdaten sind für alle kostenlos einsehbar. Für Vereine ist dieser Eintrag freiwillig, weshalb in der Schweiz unbekannt ist, wie viele Vereine es im Land gibt.

ICNPO *International Classification of Nonprofit Organizations*, die die NPO anhand ihrer Hauptaktivitäten und Zielsetzungen in zwölf Kategorien einteilt, um eine einheitliche Struktur für die Klassifizierung zu schaffen.

Impact Langfristige Wirkung eines Projekts (z. B. gesenkte Arbeitslosenquote). Gehört zum Vierklang der Wirkungsmodell-Struktur Input, Output, Outcome und Impact.

Impact Investing Geldanlagen, die neben finanzieller Rendite auch soziale/ökologische Wirkung erzielen. Hier wird auch oft über Social Impact Binds gesprochen, finanzielles Engagement von Privaten in einem sozialen oder ökologischen Projekt, das nur dann einen finanziellen Gewinn abwirft, wenn zuvor definierte soziale und ökologische Wirkungen erreich wurden.

Impact Measurement Messung der Wirkung eines Projekts -> Evaluation

Inklusion (von Personen) Prozess, innerhalb dessen eine Person zum gleichberechtigten Teil eines sozialen Systems wird.

Input Eingesetzte Ressourcen (Geld, Zeit, Personal). Gehört zum Vierklang der Wirkungsmodell-Struktur Input, Output, Outcome und Impact.

Integration (von Personen) Prozess, der einer Person Zugang zu einem sozialen Systems ermöglicht (Vorstufe zur -> Inklusion).

Interessenkonflikt Er besteht, wenn ein:e Entscheidungsträger:in der NPO in einem Sachverhalt die Aufgabe nicht unabhängig von eigenen Interessen wahrnehmen kann. Soweit sie nicht vermieden werden können, sind Interessenkonflikte offenzulegen.

Legat Vermächtnis in einem Testament zugunsten einer gemeinnützigen Organisation

Leitbild Es beinhaltet auf Basis der Stiftungsurkunde oder Vereinsstatuten die Ziele, Richtlinien und Grundsätze für das Handeln und Verhalten der Stiftung.

Liquiditätsplanung Für NPOs ohne eingebrachtes Vermögen ist Liquiditätsplanung einer der wesentlichsten Aufgaben des Finanzmanagement, weil sich NPOs wegen fehlender Sicherheiten nicht auf dem Finanzmarkt Engpass-Sicherheit einkaufen können.

Logical Framework oder Logframe Logisch aufgebautes Modell, das zeigt, wie -> Inputs, -> Outputs, -> Outcomes und -> Impact aufeinander aufbauend entstehen.

Matching Funds Förderung, die nur bei Mitfinanzierung Dritter ausgezahlt wird.

Mäzenatentum Ein:e Mäzen:in spendet, ohne einen Gegenwert zu erwarten – im Gegensatz zum Sponsoring. Der Name geht zurück auf Gaius C. Maecenas (um 70 v. Chr. bis 8 v. Chr.), der zahlreiche Dichter unterstützte, unter ihnen Plinius und Horaz.

Mission Investing Es basiert auf der Idee, dass Förderstiftungen nicht nur mit der Mittelvergabe, sondern auch durch die Art, wie sie ihr Vermögen anlegen,

Wirkungen in dem Bereich erzielen, in denen ihr Zweck bzw. ihre Mission liegt.
Monitoring Laufende Datenerfassung (z. B. Teilnehmerzahlen).
NGO Nichtregierungsorganisation (z. B. Amnesty International).
Non-Profit-Organisation/NPO Überbegriff für Vereine und Stiftungen ohne Gewinnziel. Der Ausdruck ist irreführend, da jede NPO Gewinne erzielen muss, um so viel Vermögen zu erhalten, um Schwankungen und Liquiditätsengpässe auffangen zu können. Gewinne einer NPO können jedoch nie ausgeschüttet, z. B. unter die Mitglieder verteilt werden.
NPO-Sektor Neben «Markt» und «Staat» häufig auch als Dritter Sektor bezeichnet: Produktive soziale Systeme mit privater Trägerschaft, die ergänzend zu Staat und marktgesteuerten erwerbswirtschaftlichen Unternehmungen spezifische Zwecke der Bedarfsdeckung, Förderung und/oder Interessenvertretung/Beeinflussung für Dritte oder ihre Mitglieder verfolgen.
Operative Stiftung Stiftung, die eigene Projekte durchführt (vs. Förderstiftung).
Outcome Mittelfristige Wirkung (z. B. verbessertes Wissen bei Teilnehmenden). Gehört zum Vierklang der Wirkungsmodell-Struktur Input, Output, Outcome und Impact.
Output Unmittelbare, zählbare Ergebnisse (z. B. Anzahl Workshops). Gehört zum Vierklang der Wirkungsmodell-Struktur Input, Output, Outcome und Impact.
Overhead Jener Teil der Arbeit einer NPO, der nicht direkt mit der Projektarbeit zu tun hat. Man kann administrativen, mittelbeschaffenden und organisationsleitenden Overhead unterscheiden. Als Richtwert sollte der Overhead 25% des Aufwands nicht überschreiten. Dies ist jedoch stark von der Art der Mittelbeschaffung einer Organisation zu tun.
Partizipation Beteiligung vieler Personen oder Anspruchsgruppen an einem Meinungsbildungsprozess oder an der Umsetzung eines Projekts.
Philanthropie Philanthropie umfasst jede private freiwillige Handlung für einen gemeinnützigen Zweck. Dazu zählen Zeit-, Geld- und Sachspenden sowie alle Tätigkeiten einer gemeinnützigen Organisation.
proFonds Schweizerischer Dachverband der gemeinnützigen Stiftungen und NPOs
Projektpitch Kurze, überzeugende Darstellung eines Vorhabens vor Förderer oder Amtsstellen, um Unterstützung zu erhalten.
Qualitative Forschung Interviews, Fallstudien („Warum funktioniert das?").
Quantitative Forschung Statistiken, Umfragen („Wie viele profitieren?").
Resilienz Fähigkeit eines Sozialen Systems, einer Organisation, einer Gruppe oder einer Einzelperson, Krisen und Schicksalsschläge zu bewältigen.

Risiko-Matrix Die gängige Form, um die Risiken einer Organisation in einer Übersicht zusammenzufassen und deren Eintretenswahrscheinlichkeit mit dem Grad der Auswirkung zu multiplizieren, um die gefährlichsten Risiken einer Organisation zu finden.

Satzung (DE, AT)/Statuten (CH) Gründungsdokument einer NPO mit Zweck und Regeln.

Social Entrepreneurship Unternehmerischer Ansatz zur Lösung sozialer Probleme (Gewinne werden meist reinvestiert).

Social Impact Bonds Innovative Finanzierungsmodelle für soziale Projekte.

Sponsoring Zur Verfügungstellung von finanzielle Ressourcen, Sachleistungen und/oder Wissen/Erfahrung für eine festgelegte Gegenleistungen (v. a. Werbung/Erreichung kommunikativer Ziele). Diese Leistungen der NPO gelten als Dienstleistungen und sind entsprechend mehrwertsteuerpflichtig.

SROI (Social Return on Investment) Berechnung bzw. Berechnungsmethode zur Errechnung des sozialen „Gewinns" in € oder CHF.

Stakeholder Alle Anspruchs- und Einflussgruppen und -personen, die innerhalb und im Umfeld einer Organisation deren Arbeit mitgestalten, einschränken, befördern oder von ihr betroffen sind.

Stiftungsaufsicht Staatliche Institutionen in der Schweiz, die einerseits die Einhaltung der rechtlichen Bestimmungen durch die Stiftungen überprüft. Stiftungen können unter kommunaler, kantonaler oder eidgenössischer Stiftungsaufsicht stehen. Als Kriterium der Zuordnung dienen in der Regel der Ort und die Reichweite der Stiftungstätigkeit.

Subventionen (CH) Öffentliche Gelder für NPOs (oft kantonal geregelt).

SwissFoundations Dachverband der fördernden Stiftungen in der Schweiz.

Swiss Foundation Code Richtlinien für gute Stiftungspraxis in der Schweiz.

Systemische Arbeit Lösungsansätze oder Analysen, die das ganze Umfeld einer Problemstellung einbeziehen und nicht nur einen Aspekt, sondern ein ganzes System in seinen Zusammenhängen verstehen und evtl. ändern will.

Theory of Change Konzept, das den Weg von gemeinnützigen Interventionen zur gewünschten Wirkung systematisch darstellt, ähnlich Logframe, aber narrativer.

Traktanden Entsprechen den in Deutschland und Österreich gebräuchlichen Tagesordnungspunkten.

Unselbständige Stiftung Eine Stiftung wird als unselbständig bezeichnet, wenn sie keine eigene Rechtspersönlichkeit aufweist. Im Rechtssinn ist sie gar keine Stiftung. Unselbständige Stiftungen werden häufig in Form einer Zustiftung errichtet, meist wenn das zur Verfügung stehende Vermögen zu klein ist, um eine eigene Stiftung zu gründen.

Verband für gemeinnütziges Stiften Interessensvertretung gemeinnützig aktiver Stiftungen in Österreich

Vereinsregister Amtliches Register für Vereine. DE: Amtsgericht, AT: Vereinsbehörde. Die Schweiz kennt kein Vereinsverzeichnis, weshalb auch zur Zahl der Vereine nur Schätzungen zur Verfügung stehen.

Volunteering Freiwilligenarbeit – oft strategisch genutzt, um Kosten zu senken, Community-Bindung zu stärken oder die Identifikation von Mitarbeitenden mit dem Arbeitgeber zu erhöhen -> Corporate Volunteering.

Wirkung Bezeichnet die Veränderungen, die eine NPO mit ihrer Arbeit auslöst (Outcome und Impact). Angestrebt wird ein bestmögliches Verhältnis zwischen den erreichten gesellschaftlichen Wirkungen und den dafür eingesetzten Mitteln. Es können auch negative Wirkungen auftreten, die so nicht erwartet wurden. Deshalb ist auch Wirkungsevaluation von großer Bedeutung.

Wirkungsevaluation Meist qualitative Bewertung der Wirkung eines Projekts (z. B. durch Befragungen).

Wirkungskette Darstellung der Zusammenhänge zwischen Input, Output, Outcome und Impact (visuell oder textuell).

ZEWO-Zertifizierung Schweizer Gütesiegel für spendensammelnde NPOs, insbesondere im Sozial- und Umweltbereich, für Betreuungsinstitutionen und in der internationalen Zusammenarbeit.

Zivilgesellschaft/Civil Society Konzept einer aktiven «Bürgergesellschaft», die aus Eigeninitiative und Selbstverantwortung soziale und politische Aktivitäten am lebensnahen Raum von Gemeinde, Nachbarschaft und Ortsvereinen entwickelt. Die Aktivitäten der Zivilgesellschaft heben sich vom staatlichen Handeln ab. In der Schweiz, in der aufgrund ihres partizipativen Ansatzes und der direkten Demokratie die Kluft zwischen Bürger und Staat geringer ist als in fast allen anderen Staaten, tritt dieser Aspekt in den Hintergrund.

Zweckbindung Mittel einer Organisation müssen nur für satzungsgemäße Zwecke oder für den im Fundraising versprochenen Zweck verwendet werden. Im Gegensatz dazu stehen freie Mittel.

GPSR Compliance

The European Union's (EU) General Product Safety Regulation (GPSR) is a set of rules that requires consumer products to be safe and our obligations to ensure this.

If you have any concerns about our products, you can contact us on

ProductSafety@springernature.com

In case Publisher is established outside the EU, the EU authorized representative is:

Springer Nature Customer Service Center GmbH
Europaplatz 3
69115 Heidelberg, Germany

www.ingramcontent.com/pod-product-compliance
Ingram Content Group UK Ltd.
Pitfield, Milton Keynes, MK11 3LW, UK
UKHW022121230426
12048UKWH00011BA/648